ILUSTRACIÓN DE CUBIERTA

Oswaldo Guayasamin
Pintor Ecuatoriano

Revista Iberoamericana

La Colección Archivos:
hacia un nuevo canon

Reseñas aparecidas en la

Revista Iberoamericana

Introducción y edición
SAMUEL GORDON

SUMARIO

KEITH McDUFFIE, Presentación ... 9

SAMUEL GORDON, La Colección Archivos y los cambios de paradigma en la crítica literaria latinoamericana ... 11

GUSTAVO GUERRERO, De los usos de Archivos ... 21

ARTURO ARIAS, sobre Miguel Ángel Asturias, *París 1924-1933: Periodismo y creación literaria*. Amos Segala, coordinador ... 23

FERNANDO COLLA, sobre Ricardo Güiraldes, *Don Segundo Sombra*. Paul Verdevoye, coordinador ... 28

ESTER GIMBERNAT GONZÁLEZ, sobre José Lezama Lima, *Paradiso*. Cintio Vitier, coordinador ... 35

KEITH McDUFFIE, sobre César Vallejo, *Obra poética*. Américo Ferrari, coordinador ... 41

FRANÇOISE PÉRUS, sobre Mariano Azuela, *Los de abajo*. Jorge Ruffinelli, coordinador ... 46

BOBBY J. CHAMBERLAIN, sobre Mario de Andrade, *Macunaíma: O herói sem nenhum caráter*. Telê Porto Ancona Lopez, coordinador ... 53

ARMANDO ROMERO, sobre José Asunción Silva, *Obras completas*. Héctor H. Orjuela, coordinador ... 60

HUMBERTO E. ROBLES, sobre Jorge Icaza, *El chulla Romero y Flores*. Ricardo Descalzi/Renaud Richard, coordinadores ... 70

GEORGE D. SHADE, sobre Teresa de la Parra, *Las memorias de Mamá Blanca*. Velia Bosch, coordinadora ... 76

MARÍA ROSA OLIVERA-WILLIAMS, sobre Enrique Amorim, *La carreta*. Fernando Ainsa, coordinador ... 83

OSCAR RIVERA-RODAS, sobre Alcides Arguedas, *Raza de bronce. Wuata Wuara*. Antonio Lorente Medina, coordinador ... 87

SUMARIO

EDUARDO ESPINA, sobre José Gorostiza, *Poesía y poética*. Edelmira Ramírez, coordinadora 92

PAMELA BACARISSE, sobre Clarice Lispector, *A Paixão Segundo G.H.* Benedito Nunes, coordinador 98

JOSÉ MIGUEL OVIEDO, sobre José María Arguedas, *El zorro de arriba y el zorro de abajo*. Eve Marie Fell, coordinadora 103

NORMA KLAHN, sobre José Revueltas, *Los días terrenales*. Evodio Escalante, coordinador 112

SAMUEL GORDON, sobre Julio Cortázar, *Rayuela*. Julio Ortega/Saúl Yurkievich, coordinadores 120

JOSÉ CARLOS GONZÁLEZ BOIXO, sobre Juan Rulfo, *Toda la obra*. Claude Fell, coordinador 127

EVA PAULINO BUENO, sobre Lúcio Cardoso, *Crônica da casa assassinada*. Mário Carelli, coordinador 134

MARCO CIPOLLONI, sobre Ezequiel Martínez Estrada, *Radiografía de la pampa*. Leo Pollmann, coordinador 138

MAYA SCHÄRER, sobre Rómulo Gallegos, *Canaima*. Charles Minguet, coordinador 147

GOFFREDO DIANA, sobre Miguel Ángel Asturias, *Hombres de maíz*. Gerald Martin, coordinador 156

BELÉN ALONSO DE SANTIAGO, sobre Agustín Yáñez, *Al filo del agua*. Arturo Azuela, coordinador 167

ROCÍO QUISPE-AGNOLI, sobre Ricardo Palma, *Tradiciones Peruanas*. Julio Ortega, coordinador 173

GUSTAVO GUERRERO, *Poner la escritura por obra: perspectivas de la crítica genética en América Latina* 181

PRESENTACIÓN

Desde hace más de cincuenta años, la *Revista Iberoamericana* viene registrando con método los enfoques y las inquietudes críticas que apuntan a lecturas e interpretaciones renovadas de la literatura contemporánea y pasada de América Latina. Se trata de un instrumento que ofrece a la comunidad cada día más importante de los americanistas, un servicio de actualización y revisión de los fenómenos literarios, con rigor y continuidad académicos referenciales.

Por su parte, la Colección Archivos ha intentado, con sus ediciones críticas dedicadas a autores de nuestro siglo, construir paulatinamente un discurso historiográfico y pluridisciplinario que establezca relaciones y distinga especificidades, en el denso entramado cultural del continente.

Sin embargo, esta Colección desarrolla *de facto* un nuevo canon, donde confluyen armoniosamente las exigencias de la filología, de la crítica genética, de las teorías de la recepción, así como los estudios de carácter contextual, estilístico y analítico. Sus 25 títulos ya publicados presentan un *corpus* representativo de una estrategia crítica ya identificable. Por ello, nos ha parecido necesario que nuestra revista le dedique una serie orgánica de reseñas, donde nuestros lectores encontrarán, no solamente las apreciaciones específicas de cada título, sino el discurso cultural subyacente que orienta y determina, a pesar de la diferencia de talentos y de soluciones adoptadas, todos los volúmenes de la Colección.

Para que ese discurso sea aún más visible, hemos decidido reunir las reseñas que han aparecido en dos números de nuestra revista y publicarlas en un tomo único, para comodidad y provecho de nuestros lectores.

Agradezco a Samuel Gordon su paciente y esclarecido trabajo de coordinación y la idea de enriquecer nuestras actividades con esta útil aportación académica.

Keith McDuffie
Director Ejecutivo
Revista Iberoamericana

LA COLECCIÓN ARCHIVOS Y LOS CAMBIOS DE PARADIGMA EN LA CRÍTICA LITERARIA LATINOAMERICANA

POR

SAMUEL GORDON
University of Pittsburgh

El constante interés de la *Revista Iberoamericana* por poner al día la situación y balance de la crítica literaria en la canonización de obras y autores nos guió esta vez a rendir cuentas sobre varias colecciones determinantes en la trayectoria de la reflexión crítica en nuestro ámbito: la *Biblioteca Ayacucho* de Venezuela, la serie de *Valoración Múltiple* de la Casa de las Américas de Cuba y la *Colección Archivos* que, aunque basada en París y Madrid, es coauspiciada por cuatro países europeos y cuatro latinoamericanos además de la Unesco[1].

El balance y valoración aquí desplegados —resultado de sendos *Dossiers* aparecidos en el número 159 del volumen LVIII y en el doble 164-165 del volumen LIX de la revista durante los años 1992 y 1993— reúne los escritos de distinguidos académicos e intelectuales del latinoamericanismo mundial. Participan críticos de universidades españolas, estadounidenses, francesas, italianas, mexicanas y suizas, en una visión de conjunto que busca facilitar una aproximación a los primeros veintitrés títulos cuyo epílogo —a modo de nueva apertura— cierra una coda proyectiva sobre los alcances de la crítica genética en América Latina.

Larga trayectoria han recorrido las ediciones críticas desde las menos presuntuosas versiones diplomáticas o los meros registros de variantes, a las suntuosas ediciones *variorum* que aspiran a un elevado grado de totalidad. Desde que partieron del campo de los estudios

---

[1] Resultado de acuerdos multilaterales celebrados durante 1983 y 1984 entre Argentina, Brasil, Colombia, España, Francia, Italia, México y Portugal, la "Colección Archivos de la Literatura Latinoamericana, del Caribe y Africana del siglo XX", acaba de completar la publicación de los primeros veintitrés volúmenes de un total de ciento treinta en su etapa inicial.

clásicos y medievales hasta recalar en las letras contemporáneas, éstas se han visto tempranamente beneficiadas con una sapiencia de larga data, que ha contribuido en poco tiempo a perfeccionar y diversificar con sus técnicas nuevos criterios editoriales y académicos.

La crítica textual más reciente ha incorporado a las tradicionales herramientas proporcionadas por la *Textkritik* y la *Textgeschichte* los nuevos avances de la crítica genética, filológica y ecdótica. Los beneficiarios más inmediatos y visibles: autores y lectores de nuestro propio siglo.

Dos objetivos críticos generalmente disociados, trasmitir e interpretar, se aúnan a los de describir y valorar —que, reunidos, han conformado hasta ahora el *cuadrivium* de la actividad crítica—, para guiar los criterios generales de la "Colección Archivos". Esta conjunción aleja notablemente a dicha colección de la mayoría de las ediciones críticas de literatura latinoamericana que circulan actualmente por cuanto trasmite e interpreta bajo luces totalmente diferentes. Cuatro aspectos sintetizan sus criterios metodológicos: 1) el estudio filológico y lingüístico de los manuscritos y las ediciones aprobadas por los autores, así como la transcripción y discusión de las variantes, a fin de establecer el texto y su evolución genética de manera fidedigna e integral, 2) la compilación de una documentación exahustiva sobre el autor y la obra, 3) un análisis de texto y contexto por críticos nacionales, regionales e internacionales y, 4) la aplicación sistemática de enfoques multidisciplinarios a cada obra, con un amplio *dossier* de la recepción. Para preparar ediciones críticas de esta naturaleza, los investigadores deben contar con un acceso irrestricto a los manuscritos y a toda la documentación pertinente del autor. Este es, precisamente, el incomparable punto de partida de cada edición de la colección Archivos.

En nuestros días, buena parte de la crítica textual considera al "texto final" como resultado acumulativo de ponderaciones y combinaciones selectivas de los llamados *pre-textos*. Ello ha contribuido a modificar la visión unidimensional del texto literario y de los criterios sustentados para las ediciones presuntamente "definitivas". La obra literaria se examina entonces como un proceso pluridimensional que nunca se realiza con un criterio definitivo deliberado, sino que se organiza mediante transformaciones y variantes sucesivas que constituyen los *pre-textos*.

La exploración y conocimiento del vasto complejo e inestable universo de variantes descartadas y restituidas, de estructuras parciales de la

INTRODUCCIÓN

arquitectura textual desmontadas y vueltas a montar, constituyen en el estudio de los manuscritos contemporáneos, una disciplina muy diferente de los estudios filológicos orientados a recomponer y fijar textos clásicos, medievales y renacentistas. En la tradición medieval, por ejemplo, nos encontramos en presencia *no* de un texto ni tampoco de pre-textos, sino de algunos manuscritos apógrafos cuyo conjunto constituye un *post-texto*. Partiendo del análisis y la confrontación del material post-textual se busca llegar a la constitución de una hipótesis textual que, difícilmente, logra coincidir con el texto original que resulta inalcanzable.

Dicho de otro modo: si uno de los problemas principales en la preparación de la edición crítica de un texto antiguo suele ser la carencia o escasez de materiales textuales y la ausencia casi absoluta de materiales para-textuales, la edición crítica de textos contemporáneos nos sitúa, la mayoría de las veces, ante una superabundancia de materiales textuales y para-textuales[2].

---

[2] En la situación textual de la mayoría de las obras contemporáneas, Giuseppe Tavani distingue las siguientes modalidades: 1) testimonio único, manuscrito —eventualmente autógrafo— de un texto inédito, 2) testimonio único pero editado, disponible sólo en ejemplares comerciales, sin documentación adicional, 3) testimonio único, en ejemplar de autor, con enmiendas —autógrafas, autorizadas o garantizadas por el autor— que, por diversas razones, no han llegado a incorporarse a ediciones posteriores, 4) testimonio único e impreso de un texto, disponible en ejemplares comerciales, sobre el cual existe una documentación pre y/o para-textual asequible y adecuada, de utilidad para reconstruir los propósitos del autor y sus intenciones de modificar el texto, 5) testimonio manuscrito e impreso anterior a la publicación, 6) testimonios idénticos al caso anterior, pero posteriores a la edición, 7) testimonios plurales que presentan modificaciones a lo largo de ediciones comerciales sucesivas, 8) caso similar al anterior, al que se agregan ejemplares de autor y galeradas con correcciones autógrafas, 9) testimonios impresos múltiples, además de ejemplares de autor, acompañados por documentación adicional y, por último, una pluralidad de testimonios en ediciones sucesivas —o única—, además de disponer de ejemplares de autor corregidos, pre-textos sucesivos, borradores y documentación adicional. Obviamente la intervención del editor, en cada una de estas modalidades de la tradición textual, es muy distinta. Distintas son también las técnicas y las metodologías aplicables en cada caso. Para mayor información véase "Los textos del siglo XX" en *Littérature Latino-Americaine et des Caraïbes du XXe. Siècle. Theorie et pratique de l'edition critique*, compilado por Amos Segala (Roma: Bulzoni, 1988) 53-63.

Aquí interviene la manuscritología, una de las más recientes derivaciones de la ecdótica, con sus contribuciones al análisis estratigráfico del complejo conjunto de materiales originales sometidos a clasificación. El examen de los diferentes papeles, tintas, implementos de escritura, y la caligrafía coadyuvan a la imprescindible reconstrucción cronológica y la restitución de variantes.

Cuando hacia principios de los setenta adquirieron mayor fuerza "las grandes teorías sobre el texto", aparecieron en la escena literaria dos importantes vertientes críticas cuyas aportaciones y terminologías fueron recogidas por la colección Archivos: la escuela de crítica genética francesa que acabaría por revolucionar, a un tiempo, el método histórico-filológico y también la estética formalista, y las teorías de la recepción originadas en la escuela alemana. Ambas, entrañan aspectos nodales reflejados en los "esquemas tipo" a que responden los volúmenes de la colección. El inicio "oficial" de la primera suele situarse hacia 1972 cuando Jean Bellemin-Noël introdujo la definición del concepto de los *pre-textos* junto con el empleo de una nueva metodología en el estudio de la génesis de un poema de Milosz, creando un nuevo objeto científico: los manuscritos de la génesis literaria[3]. Ya Julia Kristeva y otros habían distinguido con anterioridad entre "la escritura" y "el texto". Pero esta nueva aportación desplazaba el estatuto científico del texto para cedérselo a los manuscritos —"los papeles del escritor"—, y al proceso genético de su constitución. En otras palabras, focalizaba su trabajo en una poética de la escritura por oposición a una poética del texto.

En conocido ensayo de 1969, que comenzó a circular también a principios de los años setenta —"El cambio de paradigma en la ciencia literaria"[4]—, Hans Robert Jauss trazó un rápido esquema evolutivo de la historia de los métodos literarios. Para mejor servir a su propósito, tomó prestados los conceptos de "paradigma" y "revolución científica" de los trabajos de Thomas S. Kuhn[5] para aplicarlos a la investigación

---

[3] Jean-Louis Lebrave, "La critique génétique: une discipline nouvelle ou un avatar moderne de la philologie?," *Genesis*, Nº 1, 1992, pp. 33-72.

[4] Hans Robert Jauss, "Paradigmawechsel in der Literaturwissenschaft," *Linguistische Berichte*, Nº 3, 1969, pp. 44-56. En adelante citaremos por la compilación y traducción española según Dietrich Rall (Compilador) *En busca del texto. Teoría de la recepción literaria*, México: Universidad Nacional Autónoma de México, 1987.

[5] *Struktur der wissenschaftlichen Revolution*. La versión más asequible y completa es Thomas S. Kuhn, *The Structure of Scientific Revolutions*, second enlarged edition, International Encyclopedia of United Science, Vol. 2 Nº 2 (Chicago University Press, 1970), p. 208.

literaria en términos y conceptos análogos a los utilizados por éste en los procedimientos de las ciencias naturales. Allí afirmaba que el estudio de la literatura no consiste en una acumulación gradual de datos que irán acercando a sucesivas generaciones a una mejor comprensión de la literatura o a un mejor estudio de ciertas obras en particular. Por el contrario, al igual que en las ciencias naturales, el desarrollo de los estudios literarios se halla caracterizado por grandes saltos cualitativos, extrañas discontinuidades y nuevos y originales puntos de partida.

Jauss considera que los métodos tienen un papel histórico y, al agotarse su aplicación, son sustituídos por otros[6]. Inicia el desarrollo de su método con la formulación de una pregunta capital: ¿Cómo se ven en realidad los grandes cambios paradigmáticos de la ciencia literaria? Cada nueva crisis emite sus propias señales y hay que esforzarse por percibirlas.

Dentro de la tradición crítica alemana los conceptos de *Wirkungsgeschichte*, en el sentido de la influencia o impacto de un escritor o un texto determinados que tenía tras sí una larga tradición erudita, la *Rezeptionsgeschichte* —historia de la recepción— y la *Wirkungsästhetik* —una estética de la influencia o respuesta del lector y el público— se entretejieron para desarrollar lo principal de las teorías de la recepción que manejamos hoy día[7].

De la simbiosis de ambas vertientes —la francesa y la alemana—, partió el desarrollo de la metodología aplicada por Archivos: una serie de ediciones críticas que privilegian por igual *creación, texto y recepción* como base para ulteriores operaciones hermenéuticas.

Tres fenómenos literarios más o menos coincidentes, la nueva narrativa, la poesía conversacional y el teatro de creación colectiva, cobraron difusión durante la década del sesenta y pusieron de relieve la inadecuación del instrumental crítico disponible hasta entonces y su insuficiencia para dar razón de la nueva literatura emergente. Así lo revela su recepción temprana a manos de una crítica que apenas lograba

---

[6] Sostiene que los nuevos métodos suelen ser "mejores". Me permito conjeturar que acaso sí ofrecen, coyunturalmente, "mejores" índices de rendimiento, tan variables como pasajeros; pero la valoración de bienes culturales suele ser, en definitiva, como lo demuestra la inevitable referencialidad de cada nuevo paradigma a sus precedentes, una operación históricamente acumulativa.
[7] Véase el recuento crítico proporcionado por Robert C. Holub, *Reception Theory. A critical introduction*, London: Methuen, 1984; pp. xii y ss.

reconocer filiaciones y antecedentes y que no podía ir más allá de una lectura que juntaba —empastichaba sería más adecuado— retazos de paráfrasis y ofrecía escasos parámetros comparativos con los que trataba de encasillar, inútilmente, las nuevas obras en categorías utilizadas por los paradigmas precedentes para homologarlas con el canon existente a la fecha. Mientras buscaba con ahinco casilleros disponibles en las estanterías de la novela indigenista, mundonovista o regionalista; y dado que no llegaban aún los grandes embarques de etiquetas del "realismo mágico" y otras maravillas clasificatorias, se conformó con lo que había. Así, le resultó imposible hallar acomodo adecuado para esta nueva literatura que, por diferente, le resultaba inasible.

Aquella pésima recepción demostró la incapacidad de una crítica plagada de errores y falta de imaginación y comprensión para enfrentar fenómenos literarios desconocidos hasta entonces: una narrativa que utilizaba la sintaxis cinematográfica para desarrollar historias sin tramas lineales y con discontinuidades temporales, una nueva promoción de poetas que despeinó a lectores y críticos conversando y tuteándolos desde la ventana abierta por una poesía que no parecía pura ni impura, política ni social, comprometida ni lírica, una poesía que hablaba, y hasta susurraba, en lugar de cantar con la estridencia con que lo había hecho hasta ese momento, y un teatro . . . que no parecía teatro. No olvidemos que fue precisamente por aquellos años, coincidiendo con el reconocimiento internacional de las letras iberoamericanas, cuando Umberto Eco "abrió la obra" e "instaló al lector en la fábula" casi al mismo tiempo que Julio Cortázar proporcionaba un "tablero de dirección" a los lectores de *Rayuela*.

La inesperada constitución y reconocimiento de un nuevo y cada vez menos vago objeto literario, aunado a una indubitable e indefinida especificidad latinoamericana, condujo de manera consecuente a la fomulación de problemas y a diversos intentos de deslinde. Desde la perspectiva de estos puntos de partida está claro que comenzaba a vislumbrarse la necesidad de cambios de paradigma en la crítica literaria latinoamericana.

Para dar cuenta de la nueva literatura no sólo hacía falta una nueva concepción, sino cambiar los viejos utensilios de la crítica impresionista, determinista o retórico-pasatista por nuevos instrumentos que permitieran dilatar, desde los umbrales estéticos, nuevas dimensiones y lectores. Hacía falta también una nomenclatura adecuada y precisa,

INTRODUCCIÓN

una periodización acorde y la comprensión conceptual y terminológica que propondrían poco después las nuevas expansiones narratológicas y poetológicas. Uno de los más tempranos y mejores ejemplos de aplicación de crítica genética fue el pre-texto del *Cuaderno de bitácora* —'log-book'— con el que Cortázar inició la redacción de *Rayuela* el 7 de noviembre de 1958, anotado magnífica e inteligentemente por Ana María Barrenechea, y publicado en 1983.

Las nuevas corrientes críticas buscaron vías alternativas en la dirección formal y estructural, o siguieron una vertiente histórico-social para hallar y dar cuenta de la especificidad inherente a aquellas nuevas manifestaciones literarias. Casi todas recorrieron la inexorable ruta marcada desde principios de siglo por el formalismo ruso que continuó alejándolas del autor para acercarlas al texto y, luego, pasar de éste al lector.

Sorprende la rapidez con que desde principios de los setenta, algunos críticos, académicos y editores de materiales literarios latinoamericanos desarrollaron puntos de vista que desembocaron en soluciones paralelas, cuando no similares, y adoptaron criterios coincidentes con los desarrollados por la colección Archivos. La crítica latinoamericana activa entonces, que seguía de cerca las nuevas manifestaciones literarias, se vió rebasada por la cantidad y variedad de tareas a las que debió responder con inmediatez, simultaneidad y hasta urgencia: deslindar un *corpus* y fijar sus periodizaciones y nomenclaturas; poner al día un instrumental crítico cuya obsolescencia e insolvencia habían sido notorias; enfrentar las dependencias y compartimentaciones mentales producidas por diversos centrismos culturales y, al tiempo, evitar caer en o desarrollar anticentrismos que pudieran constituirse en nuevos focos de dependencia o rechazo cultural.

Debido al apogeo expansivo experimentado por las letras latinoamericanas durante la década inmediata anterior, hoy aparece como lógica y natural la sincronía con que una parte de la crítica latinoamericana, la mejor, —enfrentada a la súbita centralidad adquirida por una literatura hasta entonces heterogénea, marginal y periférica— se formulara planteamientos similares a algunas inquietudes manifestadas por la escuela genética francesa y el "grupo de Constanza".

El agotamiento de los modelos hasta entonces vigentes en la literatura europea llevó a Jauss a proponer un nuevo paradigma para que la ciencia literaria experimentara y ofreciera respuestas operativas en las siguientes direcciones:

•— la trasmisión de análisis estético-formales e histórico-receptivos para el arte, la historia y la realidad social;

•— un enlace entre métodos estructurales y hermenéuticos (que casi no se tomaron en consideración recíprocamente y desconocieron los procedimientos y resultados del otro);

•— la experimentación de una estética y una nueva retórica referidas al efecto y la recepción que debieran aceptar, por igual, la alta literatura, la sub-literatura y la cultura de masas junto con las implicancias de los medios masivos de comunicación[8].

Pero Jauss consideraba que la crisis de las letras era más acentuada que en el pasado, porque el concepto convencional de arte y poesía, no tocado por los cambios de paradigma hasta entonces, era cuestionado de hecho por el estado en que se hallaba la literatura. La crisis se encontraba bajo el signo de un nuevo reto, nunca antes existente, a la literatura como arte autónomo debía agregarse el desafío de los medios masivos de comunicación. Ante su efecto se hallaban desconcertadas tanto la formación clásico-humanística, como el método histórico-filológico y también, la estética formalista. Los diversos métodos creados en la literatura de la cima, en el canon de las obras cumbre clásicas, nacionales o de trascendencia internacional o como sea que se clasifiquen, fracasaban ante el efecto de las nuevas artes no-canónicas[9]. En el *corpus* latinoamericano, se habría de sumar, por añadidura, una nueva categoría cuya condición genológica es, aún hoy, enconado objeto de discusión: el testimonio y sus variantes de literatura carcelaria.

Existía un problema que reclamaba solución adicional, y era el resultante de la pérdida de nitidez entre los límites que necesariamente separan *crítica, historia y teoría*. En un lapso de tiempo relativamente breve, coincidente con la búsqueda de nuevas proposiciones paradigmáticas, la urgencia con que se desempeñó el nuevo tipo de trabajo crítico, contribuyó a diluir los límites entre estos tres campos interdependientes. Al atenuarse las demarcaciones, las crecientes e imprecisas franjas intermedias pasaron a ocupar un espacio cada vez mayor. Una falta de nitidez adicional dificultó la percepción acerca de cómo debía constituirse el objeto estudiado. Resultaba imprescindible distinguir entre la constitución de dos objetos de estudio distintos confundidos como uno solo y único. De una parte, la evolución histórico-

---

[8] Jauss 70.
[9] Jauss 69-70.

social del objeto "literatura". De otra, la "obra literaria". De suyo, muchas controversias y discrepancias sobre la cuestión del "enfoque" —en apariencia, irreductibles— debieron resemantizarse puesto que se trataba de "enfocar" dos objetos de estudio distintos, aunque cada uno se interrelacionara de manera inextricable con el otro. Una nueva crítica latinoamericana, en otro estadio de lucidez, llegó a la literatura y con ella, la era de la canonización de las novedades incomprendidas por la crítica anterior, la de un arte de neovanguardia cuya lógica de exclusiones puso en correspondencia las figuras de autor y lector enfrentándolos al reflejo —casi siempre halagador— con que el texto premiaba sus respectivas competencias. Acotemos que cuando Jauss reflexionaba sobre el impacto inexorable que habría de tener la cultura de masas y los medios de comunicación en la "alta literatura" canónica, los narradores latinoamericanos de avanzada producían en los setenta, una nueva serie de obras que recogían e incorporaban intrusiones de la radio y la telenovela, del periódico y la novelita rosa, de la historia policial a la literatura trivial de todo tipo.

Así surgieron nuevas propuestas editoriales que comenzaron a redefinir el canon y a brindar un imprescindible apoyo científico a todas las operaciones críticas ulteriores con las obras que lo integran. Un canon, por cierto, que es contradictoriamente contemporáneo y clásico, un albur al que pocos críticos suelen apostar.

Los textos que siguen reflejan la diversidad de adeudos a una colección que facilita —y en muchos casos propicia— nuevas posibilidades hermenéuticas llenando un vacío improrrogable. Ante la inexistencia de una tradición editorial y académica explícita sobre los criterios metodológicos para preparar ediciones críticas de textos modernos y contemporáneos —siglos XIX y XX—, Archivos elabora un discurso y una teoría equivalentes a lo acumulado por la tradición textual sobre obras de la antigüedad clásica, medieval y renacentista durante largos siglos. Lejos de aplicar esquemas rígidos concilia soluciones diversas dentro de un *apparatus criticus cum notis variorum* que favorece modalidades dispares en un evidente equilibrio entre la erudición excesiva —y las más de las veces inútil para operaciones realmente significativas— y el ascetismo que, simulando modestia, encubre una insuficiencia e insolvencia críticas más frecuentes de lo deseable.

DE LOS USOS DE ARCHIVOS

Dentro de una literatura que, a todo lo largo de este siglo, ha conocido los más diversos avatares en la transminsión de sus textos, la idea de sacar a la luz una colección de ediciones críticas era ya una auténtica necesidad. Efectivamente, ¿cuántas veces hemos debido constatar con sorpresa la existencia de varias versiones de una misma obra entre distintas ediciones corrientes? ¿Cuántas veces hemos tomado por definitiva una página o un pasaje que en realidad no lo eran? La extrema libertad que algunos editores suelen arrogarse, el escaso control de los autores ante las modalidades de publicación de sus obras y las prácticas poco escrupulosas de un mercado del libro demasiado disperso, éstas y otras causas habían acabado engendrando un universo textual fluctuante y en esencia heterogéneo. Al establecer filológicamente los textos de más de cien títulos de la literatura latinoamericana, la Colección Archivos viene a modificar decisivamente tal situación. Su contribución primera a un mejor conocimiento de nuestros autores y nuestras obras consiste en ofrecernos, con cada volumen, un texto fiel e invariable que puede ser utilizado como segura referencia en la lectura y en las tareas de interpretación. Para nuestra crítica, poder contar con él ya es en sí mismo un logro que, paralelamente, vuelve a redorar los blasones de una filología que muchos creían extinta y le da un lugar central, dentro de nuestros estudios literarios, en el campo del análisis y la edición de textos y manuscritos modernos.

Los usos de un volumen de Archivos no se agotan, sin embargo, con este básico instrumento crítico que es un texto establecido filológicamente. La incorporación del aparato de variantes y la recopilación de documentos pre-textuales, como borradores, cuadernos de trabajo o notas de lectura, van abriendo una nueva perspectiva que, siguiendo las enseñanzas de la escuela genética francesa, nos invitan a estudiar la dinámica compositiva de una obra, es decir, su escritura considerada no ya como un producto sino fundamentalmente como un proceso. Así, las ediciones de *Don Segundo Sombra*, de *Rayuela* y de *Canaima*, entre otras, han sabido mostrarnos las posibilidades de una aproximación a la génesis escritural que, al poner en movimiento un texto, nos permite examinar retrospectivamente los criterios que rigen su elaboración. Entrar en ese laboratorio secreto de la obra, acercarse al texto a través de las fases de su composición en el tiempo, cernir la escritura en su devenir múltiple y continuo constituyen sin lugar a duda una de las mayores aventuras que Archivos nos propone. Más allá o más acá de la filología, en su seno se sientan ya las bases de una crítica genética latinoamericana que está llamada a abrir un capítulo hasta ahora desconocido dentro de nuestra literatura: el análisis de los procesos escriturales de los autores y las obras del continente, una indagación del sentido en la forja misma de la creación que no puede menos que plantear la pregunta ¿qué ha sido y qué es *escribir* entre nosotros?

Al otro extremo de la cadena comunicacional, en el plano de la lectura y la estética de la recepción, los volúmenes pueden servirnos, además, para componer un panorama bastante amplio de las tendencias de la crítica latinoamericana con respecto a un autor o a una obra. El perfil interdisciplinario de la colección, las secciones dedicadas al destino de un texto y el acopio de una documentación de primer orden hacen que ediciones como la de *Toda la Obra* de Juan Rulfo constituyan por sí solas una breve historia de la recepción del escritor. Llevada a una perspectiva más vasta, esta aproximación permitirá sin duda un estudio por venir sobre la evolución de nuestra crítica que, a su vez, abordará a Archivos como un documento, como a una instancia capital en la formación del canon literario latinoamericano en este fin de siglo.

Obviamente, muchos otros usos pueden darse aún a los volúmenes de Archivos. Basta con los señalados para poner de relieve la vital importancia de esta colección. Repertorio de nuestros clásicos, con ella se corona la larga marcha de toda una literatura hacia la afirmación de su identidad y, al mismo tiempo, se la proyecta hacia un futuro de nuevos horizontes críticos que han de descubrirnos otras formas de conocerla, otras lecturas y otros fervores que ya garantizan su posteridad.

Université d'Amiens   GUSTAVO GUERRERO

MIGUEL ANGEL ASTURIAS. *París 1924-1933: Periodismo y creación literaria*. Edición crítica. Amos Segala, coordinador. París/Madrid: Colección Archivos Nº 1, 1988.

EL PERIODISMO ILUMINADOR DE MIGUEL ANGEL ASTURIAS

En la última parte de su vida, el escritor guatemalteco Miguel Angel Asturias —Premio Nóbel de literatura 1967— se vio envuelto en polémicas y ataques que no dejaron de opacar su producción literaria. Por un lado, su inútil disputa con García Márquez acerca de la originalidad o plagio de *Cien años de soledad* no hizo sino desprestigiarlo ante los ojos de los narradores más jóvenes, entonces en el apogeo del *boom*. Por otra, la aceptación de la embajada de Guatemala durante el período 1966-1970 se atrajo en contra suya la furia de la izquierda latinoamericana.

Cuestionado por sectores tan diversos y por razones igualmente disímiles, tal actitud empezó a pesar sobre la apreciación pública de su obra.[1] Así, en un lapso relativamente breve, Miguel Angel Asturias pasó a ser —a pesar de su premio Nóbel, el primero para un latinoamericano desde Gabriela Mistral— un escritor que "no había que leer" o bien del cual había que hablar mal.

Sin embargo, ya nos hemos alejado bastante de las pasiones de fines de los años sesenta. Desde la óptica de los noventa se ha iniciado, por parte de la crítica latinoamericana, una revisión del significado del *boom* literario y de los motivos por los cuales algunos de los escritores insertos dentro de esta corriente —tales como Donoso o Vargas Llosa—

---

[1] A este respecto basta leer las innumerables declaraciones de escritores tan variados como Gabriel García Márquez y Mario Vargas Llosa, hacia fines de los sesenta y principios de los setenta.

sintieron la necesidad de cortar todo nexo con sus antecesores, "matando" a sus padres y pretendiendo que la literatura comenzaba con ellos.

En ese mismo contexto, ha sido indispensable reevaluar la producción literaria anterior a los años sesenta y volver a situar los logros, hallazgos y avances que representaron muchos de estos escritores.

Sin embargo, continúan faltando suficientes fuentes primarias para profundizar estudios que posibiliten una reevaluación completa de la producción literaria que antecedió al *boom* y que faciliten reconstruir nuestra historia cultural y nuestros sistemas de pensamiento estéticos.

Un brillante paso en esa dirección —una verdadera mina literaria— lo constituye la compilación periodística de Miguel Angel Asturias durante sus años parisinos, 1924-1933. El futuro premio Nóbel era en ese entonces un joven aspirante a escritor, que iniciaba el proceso de cementar su visión del mundo al redefinir su identidad como guatemalteco y como latinoamericano desde la óptica parisina. Su gran genialidad no será la de reverenciar la cultura francesa, sino más bien la de descubrir desde París la riqueza de la cultura latinoamericana, la de ser un "americanizante de todo lo europeo".

Los 440 artículos periodísticos en cuestión fueron publicados en Guatemala en *El Imparcial*, el periódico más joven e importante del país en aquella época. Contribuyeron de manera mínima a cubrir los gastos del autor en París. Sobretodo, ayudaron al aspirante a novelista a forjarse una visión del mundo, una reevaluación del ser guatemalteco y latinoamericano, a generar una estética. Sin embargo, luego de aquella efímera aparición a la luz pública, los mentados artículos quedaron en el olvido hasta ser exhumados en la presente edición. De allí que el coordinador de la misma, Amos Segala, afirme que podemos referirnos a los mismos como "inéditos".

De hecho, todos los comentaristas de Asturias sabían que el autor había escrito los mencionados artículos y se referían a ellos en entrevistas o notas biográficas. Sin embargo, los mismos eran desconocidos por su enorme inaccesibilidad y no habían sido leídos por nadie desde su publicación original en *El Imparcial*.

Al morir Asturias y pasar su acervo a manos del Comité de Amigos de Miguel Angel Asturias, aparecieron los que el propio autor había retenido y entregado en vida a Claude Couffon para una futura publicación. Sin embargo, éstos eran los menos. Apenas si permitían un atisbo de lo que el conjunto de los mismos representaban. Fue desde entonces que surgió la idea de editar algún día la obra periodística de

Asturias, aunque esto suponía la casi utópica maniobra de encontrar muchos de los míticos artículos que hasta ese entonces nadie conocía.

Con una dedicación digna de encomio, el crítico inglés Gerald Martin y su esposa se dedicaron a peinar los archivos del hoy extinto *El Imparcial* en Ciudad Guatemala, con el afán de rescatar del olvido lo que suponían serían unos pocos artículos. Grande fue su sorpresa al encontrar más de 400 de ellos, que no habían conocido la luz del día desde su publicación original hacia fines de los años veinte o principios de los treinta.

El hallazgo de los artículos periodísticos y la edición completa de los mismos significa un paso fundamental en el desarrollo de la historiografía literaria latinoamericana y en la profundización del trabajo de archivo con el afán de rescatar fuentes primarias que posibiliten recomponer el ámbito estético-ideológico en el cual operó y se movió el autor.

La salida a luz pública de estos artículos nos permite reevaluar inmediatamente la magna obra de Asturias. Lo que inmediatamente sobresale es que, contrariamente a lo que se pensaba, su obra maestra *Hombres de maíz* no fue iniciada en los años cuarenta, sino más bien hacia fines de los veinte. De hecho, ese período de 1926 a 1933 fue sumamente fértil. No sólo emergen los artículos periodísticos como especie de articulación de su propia ideología, "para poner 'Europa' —su cultura, su filosofía, sus estructuras y sus percepciones— dentro de América Latina y de su propio pensamiento estético y político" como comenta en uno de los ensayos del libro Gerald Martin, sino que escribe en el mismo período *Leyendas de Guatemala*, publicado en España en 1930, *El señor presidente*, terminada en 1933 aunque no aparecería a la luz pública sino hasta 1945, y se inicia el embrión de *Hombres de maíz*. Es, pues, un torrente creativo el de aquellos años.

El volumen de artículos está exquisitamente compuesto, con una elegancia y esmero pocas veces visto en publicaciones en idioma español. En primer lugar, el coordinador del volumen, Amos Segala, introduce los artículos en la primera sección, explica la edición, el equipo de trabajo que se ha constituido en torno al volumen, y luego analiza el itinerario de la escritura año por año y tema por tema.

En seguida, aparecen los artículos mismos en la segunda sección, organizados en orden cronológico, según su aparición en *El Imparcial*. Los mismos cubren casi 500 páginas. A su vez, estos son seguidos por dos apéndices: los artículos escritos por Asturias en *El Imparcial* antes y después de su estancia en París y los artículos sobre Asturias publicados en el mismo periódico durante su estadía en la capital francesa. Sigue una enorme lista de notas a los artículos, establecidas por Gerald Martin.

Lo anterior ya hubiera sido un trabajo historiográfico de primer orden. Sin embargo, existe todavía una tercera sección titulada "Historia del texto"; en la misma, el resto del equipo presenta sus estudios sobre los artículos periodísticos. Tenemos allí, por ejemplo, "Miguel Angel Asturias y *El Imparcial*" por Gerald Martin, documentando los vínculos entre el autor y dicha publicación. O bien "Miguel Angel Asturias y la búsqueda del 'alma nacional' guatemalteca: Itinerario político 1920-1933" de Arturo Taracena Arriola, en el cual traza las diferentes líneas ideológicas que atravesaban el pensamiento de Asturias en su proceso de definición de una identidad nacional.

Aparece en seguida una cuarta sección, "Lecturas del texto" en la cual, entre otras, Gerald Martin analiza el pensamiento, y la creación literaria de Asturias, y Marc Cheymol persigue la relación entre la latinidad y el indigenismo en las vivencias y escritos del autor durante el período estudiado.

Finalmente, tenemos una quinta sección, *Dossier*, con cuadros sinópticos de los congresos de prensa a los cuales asistió Asturias, testimonios de su actividad periodística y correspondencia sobre periodismo. En total, más de mil páginas de uno de los más esplendorosos volúmenes de historiografía literaria que hemos conocido.

Todos los grandes autores son periódicamente reevaluados según los períodos históricos, cambios en la ideología estética, reajustes o giros de todo tipo que reflejan las diversas maneras en que los seres humanos buscan entenderse, explicarse y ubicarse en el universo utilizando pasadas obras maestras como indicadores de nuevas rutas. En ese proceso de continua reevaluación, algunos nombres caen, otros se sostienen, otros se afirman. Es nuestra impresión que, gracias a la reevaluación de la obra de Asturias, en la cual el volumen sobre periodismo y creación literaria cumple un papel singular, el nombre del autor guatemalteco es uno de los que han comenzado a reafirmarse en el ámbito de los clásicos latinoamericanos.

Quizás el descubrimiento fundamental de este volumen sea la reubicación del "nacimiento" de *Hombres de maíz*. Al resituarlo hacia fines de los años veinte cambia completamente el esquema de desarrollo previamente articulado por historiadores de la literatura, según el cual Asturias y Carpentier habrían, hacia principios de los cuarenta, sintetizado la experiencia surrealista y el realismo social, dando nacimiento casi simultáneamente al "realismo mágico/real maravilloso" como nueva expresión estética de la postguerra. De pronto, dicho esquema queda en entredicho. Los artículos periodísticos nos obligan a repensar la trayectoria estética de Asturias y, por extensión, todo el desarrollo literario latinoamericano de la primera mitad de este siglo. Estos no son pequeños hechos. Representan una contribución cuantiosa de este volumen a la reformulación de la historia de la literatura, no sólo en su aspecto particular anteriormente señalado, sino como ejemplo del trabajo a hacerse con todos los grandes autores del siglo, para poder reinterpretar nuestra identidad desde una perspectiva más realista y sólida.

El presente volumen contribuye a reubicar la singular importancia de Asturias en las letras latinoamericanas del siglo veinte. Contribuye también a reubicar la historiografía y el trabajo de archivo como instrumentos imprescindibles de una crítica que aspire efectivamente a reevaluar e iluminar nuestro reciente pasado cultural e histórico.

San Francisco State University   ARTURO ARIAS

RICARDO GÜIRALDES. *Don Segundo Sombra*. Edición crítica. Paul Verdevoye, coordinador. París/Madrid: Colección Archivos Nº 2, 1988.

En las primeras líneas de su nota introductoria, el Coordinador del volumen, Prof. Paul Verdevoye, subraya el *lugar preponderante* que ocupa la novela de Ricardo Güiraldes, *Don Segundo Sombra*, en la literatura argentina, tanto por el número de ediciones que se han sucedido desde su primera aparición, en 1926, como por la cantidad de trabajos críticos y hermenéuticos que ha venido suscitando[1]:

> Unos sesenta años después de la primera edición, esa novela no ha dejado de interesar a los argentinos, y su fama se ha extendido al extranjero a través de traducciones en varios idiomas [...]. Conforme se iban multiplicando las ediciones, cundía la labor de los críticos e investigadores, hasta ocupar acerca de esta novela la mayor parte de la bibliografía general que Horacio Jorge Becco consagrara a Ricardo Güiraldes (xvii).

El desafío mayor, en la preparación de la edición crítica de una novela como *Don Segundo Sombra* —definitivamente instalada entre las obras *clásicas* de la literatura nacional argentina y acerca de la cual todo parece haber sido dicho ya— es evidentemente el de renovar las perspectivas y los enfoques, abriendo la posibilidad de lecturas novedosas y fecundas.

Este segundo volumen de la Colección Archivos logra el cometido evocado, en primer lugar, gracias al rigor metodológico con que las operaciones filológicas destinadas a establecer un texto fiable y definitivo de la novela, fueron realizadas por la Profesora Elida Lois.

En esto, la edición crítica de *Don Segundo Sombra* fue la primera muestra de lo que confirmarían los volúmenes posteriores de la Colección, a saber: cada vez que los investigadores han tenido acceso a un *dossier* genético más o menos completo (borradores, manuscritos, pruebas corregidas, etc.), las operaciones preliminares de fijación del texto, al recontextualizarlo en el seno de un itinerario redaccional, han desembocado en un remodelamiento global de la imagen canónica de la obra.

---

[1] Elida Lois, en su "Estudio filológico preliminar", señala que solamente la editorial Losada de Buenos Aires —que en 1985 publicaba la 50ª edición de la novela— imprimió más de medio millón de ejemplares de la misma (xviii).

Para su investigación sobre la problemática textual de la novela, E. Lois pudo compulsar el importante cúmulo de material prerredaccional, redaccional y editorial disponible en distintas instituciones culturales argentinas. El establecimiento del texto se basó esencialmente en las tres ediciones de *Don Segundo Sombra* realizadas en vida del autor (las dos primeras, aparecidas en 1926, de Editorial Proa y la tercera, de El Ateneo, aparecida en 1927), y en los dos ejemplares de la edición príncipe, con correcciones de puño y letra de Ricardo Güiraldes, que se conservan en la Academia Argentina de Letras.

Sin embargo, la existencia de un rico material redaccional amplió las perspectivas del trabajo filológico. Así, el estudio, tanto del manuscrito hológrafo de la novela que se halla en la Biblioteca Nacional de Buenos Aires, como de la copia mecanografiada de esos manuscritos con correcciones de puño y letra del autor, destinada a la primera impresión y conservada en el Fondo Nacional de las Artes, no solamente contribuyó a la fijación del texto —disipando dudas e incertidumbres respecto de la validez de numerosas correcciones y modificaciones—, sino que le permitió también a la filóloga delimitar claramente el sentido y la lógica de las campañas de reescritura que desembocaron en el texto editado. En efecto, si el manuscrito hológrafo tiene un interés limitado para el estudio genético (su aspecto general muestra que se trata de la transcripción de un borrador inicial, cuyas enmiendas, relativamente poco numerosas, carecen de relevancia: se trata en general de correcciones gramaticales u ortográficas), la copia mecanografiada, realizada por la esposa del escritor, es de una importancia capital para la comprensión de la estrategia redaccional de Güiraldes por la cantidad y la calidad de las modificaciones que éste introduce en el pre-texto copiado, pues como dice E. Lois: "el trabajo de relectura, lima y pulido al que se lo sometió fue tan intenso y las pautas de reelaboración se ejecutaron tan sistemáticamente, que puede decirse que de él resultó una nueva obra" (xxxvii).

Buscando enriquecer la información recaudada, la filolóloga recurrió también al material pre y para-textual disponible: fichas con esquemas, diagramas, esbozos redaccionales de fragmentos, etc., que aportaron datos diversos sobre el proceso de producción.

El cotejo exhaustivo de este conjunto de documentos abrió así la posibilidad de un triple acceso al texto y a sus significaciones: en primer lugar, al establecer un completo registro de variantes, situó al texto definitivo como un momento —decisivo, privilegiado— de una entidad textual mayor, creando un nuevo objeto de estudio y ampliando el cuerpo de significados y sentidos. En esta perspectiva (la del proceso de creación, de escritura de la novela), *Don Segundo Sombra* puede ser considerado como un *continuum* textual que abarca desde la versión original, definida como "una sucesión de estampas impresionistas", hasta la versión *definitiva* (última edición corregida por el autor) en la que las coordenadas iniciales cambian radicalmente de signo; en segundo lugar, documentando las distintas etapas del itinerario redaccional, facilitó el ordenamiento de las operaciones que constituyen el método de trabajo del autor, enmarcado por dos tendencias aparentemente contradictorias: la tarea inicial de recolectar en fichas observaciones e impresiones tomadas de la realidad inmediata, y la etapa final de reescritura, en la que la intención ficcionalizadora termina eliminando o encubriendo los datos realistas incorporados en el relato; y finalmente, permitió detectar, dentro esa serie de operaciones, la lógica que anima y estructura los pre-textos. En las múltiples remodelaciones que Güiraldes va imponiendo a la versión original de la novela, buscando eliminar los enlaces que había establecido entre la ficción y la realidad, se trasluce una intencionalidad única: la de elaborar una imagen idealizada de la vida rural (encubriendo hábilmente todos los indicios que puedan autorizar una caracterización de las relaciones laborales, de los antagonismos sociales), y del gaucho (exonerándolo de todo condicionamiento histórico o social, presentándolo como un mero "haz de virtudes"). Güiraldes diseña así, con estas coordenadas, un sistema en el que impera la figura del protagonista, paulatinamente depurado de sus rasgos "demasiado humanos" y consagrado como entidad puramente mítica.

Este itinerario redaccional se configura a través de una serie de estrategias estilísticas y discursivas, que Elida Lois sigue pacientemente en sus múltiples avatares y en sus variadas recurrencias, redondeando el sentido último de las operaciones en esa intención constante del autor de "transformar la historia en mito". Es en estas conclusiones donde alcanza la filóloga su mayor logro, mostrando cómo detrás de todas las modificaciones —desde aquéllas que determinan una verdadera transformación del texto hasta las correcciones formales aparentemente más insignificantes— es posible rastrear los indicios de una lógica coherente, y hasta qué punto resulta enriquecedora su comprensión para el conocimiento cabal de la obra y del autor.

En esto, la tarea de E. Lois resultó ejemplar y sus implicaciones teóricas y metodológicas, superando el marco del establecimiento del texto güiraldiano en particular, constituyeron un verdadero aporte de calidad a la crítica genética como disciplina.

La segunda parte del libro —siguiendo el esquema tipo que estructura todos los volúmenes de la Colección Archivos— se compone de una serie de artículos críticos, separados en dos secciones: "Historia del texto" y "Lecturas del texto". Cupo al Coordinador del volumen, P. Verdevoye, el mérito de haber concebido esta segunda parte bajo el signo de la multiplicidad y de la complementaridad de las disciplinas, escuelas y enfoques críticos, y de haber logrado convocar a destacados representantes de los mismos para, por una parte, esclarecer la red intertextual y contextual que condiciona el itinerario genético de la novela y, por la otra, enriquecer el texto con lecturas interpretativas diversificadas y mutuamente enriquecedoras.

La sección "Historia del texto" consta de dos artículos: "Güiraldes: vida y escritura", de Alberto Blasi, y "Destinos", de Hugo Rodríguez Alcalá. Contiene también una "Cronología de Ricardo Güiraldes", establecida por el mismo A. Blasi.

El primero de los artículos traza algunas coordenadas contextuales importantes que enmarcan el proceso de producción de la novela, tomando como apoyatura dos documentos inéditos: el *Diario* que llevó Ricardo Güiraldes mientras escribía *Don Segundo Sombra* y las cartas que su mujer, Adelina del Carril —"testigo privilegiado" de este proceso— enviara al escritor francés Valéry Larbaud, por lo esencial, entre 1920 y 1927.

La lectura que Blasi realiza de estos documentos se orienta en dos direcciones distintas: por una parte, tiende a esclarecer los términos de "la relación de Güiraldes en esos años con el proceso y movimientos literarios del Río de la Plata" (237), es decir, concretamente, la *función* que cumplió el escritor con respecto al *martinfierrismo* y los probables rastros de esa dialéctica en el discurso de la novela. Por la otra, recrea los rasgos más significativos de la "vida cotidiana" del escritor en un momento de la elaboración de la novela: preocupaciones, actividades, lecturas, etc. buscando detectar los enlaces que diariamente entreteje entre la realidad y la ficción, lo vivido y lo creado. Completa Blasi el cuadro *íntimo* en las últimas páginas de su artículo, compulsando minuciosamente la correspondencia de A. del Carril, en la que hace partícipe a V. Larbaud, amigo de vieja data del matrimonio Güiraldes, de los pesares, dificultades y esperanzas que conforman ese "espacio dramático en que se movieron artista y creación" (*id.*).

Con el artículo de H. Rodríguez Alcalá, salimos del marco biográfico y contextual, para adentrarnos en uno de los aspectos más interesantes del itinerario de *Don Segundo Sombra*: el de la recepción crítica. En la copiosa y polémica bibliografía que ha motivado la novela de Ricardo Güiraldes, el conocido investigador paraguayo ha realizado una inteligente selección de aquellos textos que representan los jalones más significativos de las dos tendencias enfrentadas: la de la "apología" y la de la "detracción", mostrando cómo, a través de los más variados enfoques, la mayor parte de las apreciaciones de la novela siguen girando alrededor de la temática de la *(no)autenticidad* y de la *(no)legitimidad* de ese "libro de gauchos pobres" escrito por un estanciero rico. En esto, el enorme cúmulo de textos críticos sigue glosando, según el autor, el mismo precedente: la conocida sentencia de Paul Groussac, cuando la aparición de la novela, según la cual a Ricardo Güiraldes se le habría olvidado "el smoking encima del chiripá".

En este trabajo, bien documentado, es de lamentar quizás el desmesurado ahinco con que Rodríguez Alcalá reivindica su adhesión a la crítica apologética (aún aquella que denota algunos fundamentos dudosos, como la de L. Lugones) y subraya su desprecio por todo intento crítico más o menos severo, demasiado rápidamente catalogado en el bando de la detracción. La falta de ecuanimidad queda de manifiesto en la facilidad con que cae en la diatriba al tratar, por ejemplo, de desautorizar los juicios que sobre la novela de Güiraldes formulara Roberto Schwartz, en su bien argumentado artículo, "Don Segundo Sombra, una novela monológica", publicado en 1976, en la *Revista Iberoamericana*.

La segunda sección, "Lecturas del texto", está integrada por tres artículos: "Don Segundo Sombra: pampa y camino", de Nilda Díaz, "Lectura intratextual", de Eduardo Romano y "El lenguaje en Don Segundo Sombra: textura, formas, glosario", de Elena M. Rojas.

En el primero de ellos, N. Díaz indaga las significaciones y las simbologías que se expresan en la organización espacial de lo narrado, considerando que, en la bibliografía crítica de *Don Segundo Sombra* "se ha atendido exclusivamente a ciertas características de la llamada novela de aprendizaje, haciendo hincapié en el hecho de que todo aprendizaje para llevarse a cabo exige tiempo, y ello en desmedro de otro aspecto implícito en este especial aprendizaje: el viaje. Se han privilegiado las secuencias temporales en detrimento de la noción de espacialidad" (296), cuando, precisamente, para esta investigadora argentina, es alrededor de esa noción que se establece en el relato la temática central de la novela ("la historia del amor entre un hombre y su tierra") y su rasgo definitorio: "Don Segundo Sombra es la elegía de la pampa" (*id.*).

El artículo de Eduardo Romano, "Lectura intratextual", intenta esclarecer, desde una perspectiva bastante emparentada con la "sociología de la literatura" de origen goldmanniano, las vinculaciones que establece *Don Segundo Sombra* con uno de sus contextos culturales: el *criollismo*, considerado como poética y como "actitud generacional". En la definición de este concepto, modelado a partir de la propuesta intelectual legada por L. Lugones, se perciben, según Romano, los intereses, las atracciones y los ideales a partir de los cuales los miembros de la generación de Güiraldes definen su propia posición y su función —en tanto que escritores— en la trama social argentina del momento. Ricardo Güiraldes recorta su novela sobre esa configuración ideológica, cuyos lineamientos "le permiten articular mejor su vínculo con el grupo dominante al que, por otra parte, el autor de Don Segundo Sombra pertenecía por razones familiares" (329).

Finalmente, en su trabajo, "El lenguaje en Don Segundo Sombra: textura, formas, glosario", Elena M. Rojas pasa revista a los procedimientos formales que definen la escritura güiraldeana. Partiendo de la estructuración general del texto (u ordenamiento de las "macroestructuras semánticas"), el análisis se detiene primero en la enumeración de algunos recursos técnicos utilizados por el narrador (dialogía, puntos de vista, etc.) y de los denominados *recursos sémicos* (destinados a forjar un "lenguaje literario propio" atribuyendo sentidos singulares a algunos enunciados). Se ocupa a continuación de los distintos niveles de expresión lingüística (lengua rural, lengua literaria) y de los recursos fonéticos que las caracterizan, pasando luego a una minuciosa revisión de las características morfosintácticas del texto. Concluye evocando el "aspecto léxico" e introduciendo un rico Glosario, que Paul Verdevoye caracteriza en su "Introducción" —luego de alabar las "exigencias estrictas" que se impuso la autora en la selección de los vocablos y giros— en los siguientes términos: "Sin despreciar los vocabularios de la novela existentes, se puede decir que éste es el más completo y riguroso" (xxii). Se trata, en resumen, de un análisis lingüístico-estilístico de corte tradicional, sin que esta caracterización comporte ningún juicio peyorativo, al contrario: el estudio de Elena M. Rojas, integrado en el mismo tomo que el trabajo filológico de Elida Lois

—tan lleno éste de innovaciones metodológicas y teóricas— demuestra la validez constante de esta orientación analítica y la fructífera complementariedad que puede establecerse entre las dos ópticas.

Como todos los volúmenes de la Colección Archivos, esta edición crítica de *Don Segundo Sombra* se cierra con un *Dossier* documental en el que se transcriben las cartas enviadas a Güiraldes, entre diciembre de 1919 y septiembre de 1927, por su amigo, protector y mentor literario, el ya evocado escritor francés Valéry Larbaud, recogidas e introducidas por Alberto Blasi, con el título de "Una amistad creadora"[2].

Sin temor a equivocarnos, podemos concluir asegurando que, por el aporte que significa para los futuros estudios güiraldeanos la recolección de datos genéticos y el establecimiento de un texto fiable de la novela; por la calidad intelectual, la diversidad y la novedad metodológica y conceptual de las contribuciones críticas; por la coherencia interna global del volumen; esta edición crítica de *Don Segundo Sombra* representa un hito muy importante. Modificará éste, sin duda, en más de un aspecto esencial, la ubicación, la imagen y la valoración de esta obra mayor de la literatura argentina y servirá de guía a las lecturas que de ella realicen las nuevas generaciones de especialistas.

Para Archivos, este segundo tomo, metodológicamente ejemplar, abrió un camino, que transitaron luego, enriqueciéndolo, los veintitrés volúmenes siguientes publicados hasta hoy, los que han hecho de esta Colección, en el campo de las ediciones de literatura latinoamericana, una de las creaciones más originales e importantes de los últimos tiempos.

Université de Paris X - Nanterre   FERNANDO COLLA

---

[2] Con este mismo título, A. Blasi publicó un ensayo referido a la amistad de Güiraldes y Larbaud (Buenos Aires: Editorial Nova, 1970).

JOSÉ LEZAMA LIMA. *Paradiso*. Edición crítica. Cintio Vitier, coordinador. París/Madrid: Colección Archivos Nº 3, 1988.

Por diversas razones es encomiable, aunque sea acercarse a una versión definitiva de *Paradiso*, y mucho más cuando el coordinador de esa edición es Cintio Vitier, que concilia "fervor con rigor" de acuerdo con Fernando Aínsa.[1] En las cinco partes con que cuenta esta edición, siguiendo el formato propuesto para sus publicaciones por la Colección Archivos, lejos de disminuirse las posibilidades de acercamiento a *Paradiso*, se multiplican los caminos de acceso, antes interferidos o dificultados por erratas, alusiones o complejidades pertinentes al mismo 'sistema poético' que referían. Esa apertura hacia una lectura más comprehensiva con que se brinda la novela de Lezama es el mayor logro de esta edición: se entrega, a través de los diversos comentarios y notas al texto, a las distintas versiones de su génesis, a los testimonios e interpretaciones una serie de herramientas para elucidar más que fijar lecturas posibles. Desde la introducción Cintio Vitier perfila esta intención tan acorde con las mismas propuestas de Lezama:

> En unos apuntes manuscritos, hallados entre sus papeles, Lezama escribió: 'El *Paradiso* será comprendido más allá de la razón'. Ese 'más allá', indiscutible imán de su escritura, no excluye sino que atraviesa, aunque sea para dejarlo atrás, el discernimiento crítico (xix).

Señala Vitier a continuación que "no hay por qué desdeñar los recursos con que podemos someter su misterio a la prueba de un rigor que, al depurarlo de falsas oscuridades, nos lo entregará más radical y verdadero" (xix). Conocedor de cerca de la obra lezamiana, elige y organiza los acercamientos críticos dentro de una "concurrencia de criterios y esfuerzos", sumando a la certeza de que la polivalencia de cualquier obra convoca la diversidad, que la imagen de Lezama, según lo señala Fina García "no regresa a su sentido inicial, sino que prolifera y se aleja cada vez más allá" (xxviii, nota).

En la nota filológica preliminar al texto de la novela, Cintio Vitier señala las tres fuentes en las que se basa para realizar su edición crítica: el manuscrito original, los capítulos publicados en *Orígenes* y las principales ediciones en español. Se remite a todas estas fuentes,

---

[1] "Conciliado rigor y fervor: la edición crítica de *Paradiso* de José Lezama Lima" en *Boletín Temático de Información de Colección Archivos* (Verano 1991) Nº 1.

considerando las innumerables erratas que se encuentran hasta en las ediciones que Lezama mismo calificaba de 'impecables'. Justifica el no basarse sólo en el original autógrafo porque en el mismo hay "añadidos y modificaciones" (xxxix) lo que ha obligado a "establecer" un texto cuyas variantes se presentan al pie de página, ofreciendo una gama de posibilidades al lector. Para alcanzar un entendimiento de las innumerables referencias de todo tipo con que Lezama plaga sus textos, hay que leerlo en la biblioteca. Las notas de esta edición, sin embargo, suplen las enciclopedias, tratados y diccionarios con que cualquier lector interesado debería rodearse para comenzar a hacer justicia al texto, y si no siempre son exhaustivas por lo menos sacian los interrogantes más perentorios. En las notas también es útil la relación que se establece con otros escritos de Lezama y la mención de estudios críticos que han dado diversas interpretaciones a pasajes complejos.

Los cinco estudios críticos que siguen al texto de la novela, en la parte III, "Historia del texto", fueron escritos por críticos, novelistas y poetas cubanos, dejando los ensayos de Benito Pelegrín, y de Julio Ortega, peruano, como enmarques de la sección IV, "Lecturas del texto", en la cual se comenta cada capítulo de la novela. En esta parte III se justifica la elección restringida a críticos cubanos, dado el intento de presentar desde diversas perspectivas el creciente impacto de la novela y su entronque con la historia cubana: desde casa al mundo, desde el 'primer círculo', desde el 'curso délfico', desde su sino de 'libro de fundación' hasta sus dimensiones en expansión de universalidad.

Raquel Carrió Mendía opta por la imagen histórica en *Paradiso* porque la considera "esencial para un análisis que aspire a la totalidad" (540) y a un entendimiento de su raigambre profundamente cubana. Su estudio parte de la preocupación por responder a una valoración marxista de la cultura y encontrar "los verdaderos rasgos que, históricamente, condicionan la actividad creadora y las formas que la expresan" (542), señalando la "funcionalidad de ... la *imagen histórica*" (542) de Lezama. Para su análisis señala tres ciclos dentro de la novela enfocándose en todo elemento que en la novela pueda ser una afirmación "de lo nuestro" porque, como Lezama, al "centrar su indagación en lo cubano afirma la historicidad de sus imágenes en esa voluntad de búsqueda y reconocimiento" (554).

Carrió Mendía organiza su acercamiento totalizante tras el sentido de lo histórico expresado, según su análisis, en la imagen lezamiana que traza el itinerario de un pueblo en la búsqueda de su "propia expresión, es decir, su verdadera identidad" (555). Aunque este estudio pareciera limitar la novela a una contingencia histórico-insular, la autora destaca que más que una *summa* cerrada y descifrable para iniciados, habría que considerarla una obra en movimiento, que gracias al reconocimiento de lo histórico se abre sin confines a lectores futuros.

Roberto Friol elige lo que llama el 'primer círculo', refiriéndose a *Paradiso* como "un *repaso*, un *recuento* de la novela cubana" (562). Propone que la novela es un fruto del barroco americano, sin detenerse mayormente en desarrollar esta propuesta, siendo su intento principal demostrar el entronque de la obra en la novelística cubana, señalando posibles paralelos entre ella y otras novelas de Cuba tan reconocidas como *Cecilia Valdés* de Cirilo Villaverde, entre otras, y muy someramente señala cierta relación que vislumbra con otras contemporáneas mundiales.

José Prats Sariol elabora sobre las recepciones de la novela, comenzando con la del propio Lezama, expresada en los apuntes para una conferencia que nunca dio y que se encuentra ahora en la Biblioteca Nacional. Por los datos de esta conferencia que utiliza Prats Sariol podemos comprobar la estrecha y constante relación de la novela con el pensamiento de Lezama expresado en sus ensayos y, resumido en estos apuntes aclaratorios. Aprovecha los distintos elementos que trata Lezama en estos apuntes para referirse a los acercamientos de críticos cubanos y otros reconocidos en ámbitos académicos, exaltando o refutando sus interpretaciones. Además destaca que Lezama, en estos apuntes, "siente la necesidad de explicar, como si una voluntad didáctica determinara el carácter de aquella malograda conferencia, lo que podemos relacionar con otro plano de la novela menos diáfano: su carácter de poema pedagógico en el mismo sentido que tuvo su Curso Délfico; lo que también rompe membretes de 'total hermetismo'; ya deshechos en textos tan voluntariamente transparentes como el prólogo y las notas de autores a la *Antología de la poesía cubana*" (583).

El breve ensayo de Severo Sarduy, "Un heredero" desentraña la herencia de *Paradiso*, "obra la que, desde el porvenir, regresa o invita a que la convoquemos para que en su advenimiento ese porvenir se haga presente" (590). Luego de establecer ciertos paralelos entre la Contrarreforma, afirmada en el Concilio de Trento, y la novela ("La misma furia de relectura y de remodelaje de la historia, la misma pasión por la *eficacia del signo*, el mismo ímpetu crítico y creador, con un suplemento, muy cubano, en lo que puede considerarse la fundación del neobarroco", 591), en ese regreso a las fuentes encuentra que la novela es paradojalmente la "Apoteósis e irrisión del oro barroco y de su doble residual y nocturno" (594), es decir que las fuerzas opuestas se contradicen y completan, como "solidarios invisibles". Para ser heredero de Lezama más que recibir hay que descifrar en una "obligación de hermenéutica". Esta herencia compele a liberar las imágenes de la fijación con un barroco europeo para encaminarlas hacia "la entrada en otra proliferación que es, sobre todo, *otra intensidad*" (596). Sarduy considera que esta liberación pide más que estructurar, deconstruir, a la vez que se asume la pasión de Lezama "en los dos sentidos del término: vocación indestructible, dedicación y padecimiento y agonía" (597).

En el último de los cinco ensayos, Manuel Pereira, en un recuento personal, despliega el Curso Délfico que siguió con Lezama a través de varios años. Gracias a su detallada evocación es posible penetrar en la bibilioteca de Lezama, que según Pereira era un rompecabezas, "que incluye obras tan raras que algunos libreros se quedan estupefactos cuando las pido" (617). El Curso Délfico, como la herencia de Lezama de la que hablaba Sarduy, "no se acabó con su muerte, sino que se prolongó de mil maneras enigmáticas" (617), "continuaban, más allá de la vida y de la muerte" (618).

Hay en esta tercera parte una serie de constantes. En la mayoría de los estudios se alude, en general sin controversia, al ensayo de Julio Cortázar que abrió a nivel internacional la lectura de *Paradiso*, confirmando los diversos elementos que el escritor argentino señaló. Además hay una marcada intención de afianzar las raíces cubanas de la novela y desde este convencimiento dejarla expandirse hacia ámbitos de universalidad.

La cuarta sección, "Las lecturas del texto", se inicia y se cierra con dos excelentes estudios, los cuales enmarcan los resúmenes críticos de los capítulos de la novela. En el primer ensayo, "Las vías del desvío en *Paradiso*. Retórica de la oscuridad", Pelegrín intenta domesticar, gracias a un análisis estricto, "los medios estilísticos de esa arcanidad expresiva" (644). Su trabajo parte de su convencimiento de que la prosa de Lezama responde a una retórica de la oscuridad, "Método sistemático para esfumar el sentido: su vía para extraviar, para hacer vagar, divagar, extravagar al lector" (621). Gracias a una detallada tarea de análisis revierte ciertas quejas frecuentes sobre la gramática, la sintaxis, la adjetivación, abuso de la perífrasis, enajenación de metáforas, la desviación de la metonomia, la palabra que "cuando más dice, más oculta" (627) en la novela. Por ejemplo, logra demostrar que "su famosa agramaticalidad" tiene que ver con una polifonía en "que se extravía el *Sentido*, por defraudarnos de la tranquilizadora *monodía*, voz y *sentido único* de la sencilla linearidad frástica" (626), y al privilegiar ese descentramiento permite que los elementos marginales usurpen su lugar al núcleo, es decir, se apoderen del "Centro dictador del sentido oficial" (626). Su análisis ilumina un modo de 'traducir' las cifras crípticas de la novela que en muchos casos se encuentran tras "esas trampas gramaticales, de esos enigmas de las figuras" (645), demostrando cuanto promete Lezama y cuanto posterga la rendición de esa promesa, porque "suma, a una oscuridad ética de intención, una oscuridad estética de expresión, totalmente intencionada" (644).

El ensayo de Julio Ortega que cierra la IV parte es el único dedicado a la novela *Oppiano Licario*. Ignorando a través de su estudio un acercamiento oblicuo al entendimiento de las propuestas de Lezama en general, elige el "magisterio iniciático de Licario" para someter la novela inconclusa a un análisis en el que da énfasis a los "paradigmas del conocer místico con los sintagmas de su desarrollo expositivo e incorporador" (683), "paradigmas emblemáticos y ... sintagmas del relato" (683), partiendo "de una imagen paradigmática para un discurso sintagmático paralelo o alterno" (693) bajo los cuales ambas novelas resultan "emblemas de la tradición" y relatos permanentes "del inicio y reinicio" (684). Propone la novela de Lezama como un proceso constante de cambios cuyo sino responde a "una hipótesis de clave hermética y un proyecto de clave iniciática" (688). Los emblemas insistentes que Ortega encuentra en la novela se reconfortan a la vez que alimentan la novela, y al abrir laberintos, reorganizan el caos.

La tradición la entronca con "la filiación dantesca [que] es central" (682), y en "esa concepción radical de la novela como reescritura de lo leído, como nuevo espacio de las figuras del aprendizaje y del saber espiritual" encuentra "la lectura como reescritura fecunda de la tradición mística y el saber tradicional" (696). Novela espejo, novela puerta, autorreferencial, multifuncional, de "unidad generadora" que engendra y propaga "su propia fe extraordinaria" (698) y en su apertura "nos conmueve con su convicción en nuestra propia capacidad creadora" (696). Ortega, tras la compleja profundidad de su lectura, encuentra más que una novela, que un proyecto inconcluso, "un discurso figurado sobre la capacidad creadora tanto de las palabras como de la potencialidad humana" (695). Es la escritura de Lezama latente a lo largo de toda esta edición crítica.

Entre los dos ensayos, el resumen breve de cada capítulo escrito por Vitier y los mismos autores de los ensayos, salvo Ortega y Sarduy, se presenta como una guía temática que a veces simplifica los niveles de lectura. Para lectores principiantes de la novela, algunos de estos resúmenes, especialmente aquellos en que se comentan datos y hechos históricos, o en los que se intenta un entendimiento de las complejas coordenadas lezamianas (resumen de los últimos capítulos, por ejemplo), pueden resultar de gran utilidad para alcanzar una visión integral de la obra; sin embargo, hay otros que por querer ser, ya sea escuetos, temáticos, o "claros", coartan la proliferante y enriquecedora apertura que creo que proponen Lezama y muchos de los críticos que lo estudian en este volumen. En *Dossier*, a cargo de Ciro Bianchi Ross, se brinda una colección de cartas inéditas, entrevistas, facsímiles de la novela, y un glosario que, dado el grado de dificultad de lectura y la riqueza de vocabulario de fauna, flora y comidas en *Paradiso*, es sumamente conveniente. La bibliografía, aunque en muchos casos se destaca que es sólo una selección, resulta incompleta y atrasada para el estudioso de *Paradiso*. La cronología es menos elaborada que la incluida por la Biblioteca Ayacucho en 1981, en *José Lezama Lima, El reino de la imagen*, a cargo de Julio Ortega.

Inicia el volumen un texto, "Breve testimonio de un encuentro inacabable", de María Zambrano, cuyo comentario me sirve de corolario y confirmación del intento que parece mover toda esta edición. Este "encuentro sin principio ni fin" (xvi), al que se refiere María Zambrano, ocurre en su visita a la Habana en 1936, en el que tiene ocasión de conocer a Lezama Lima, "aquel joven con tal fuerza que por momentos lo nadifica todo" (xv). El encuentro abarca, además del conocimiento personal, la lectura de la obra de Lezama, la lectura de *Paradiso*, "verdadera meditación sobre el génesis del hombre, sobre el génesis mismo" (vxiii). El encuentro inacabable hecho extensivo a la escritura de la novela, "esa palabra no escrita, siempre por escribir" (xvii) valida la práctica de una permanente búsqueda y respuesta inédita, en un adivinar e incluir sentidos multiplicantes. Esta pauta de constante apertura, que prefigura un encuentro sin fin, traspasa la intención y el rigor crítico de todo el volumen, aportando al texto nuevas puertas de acceso y expansión, con una latente certeza de que mucho queda por leerse en *Paradiso* y en la obra toda de José Lezama Lima de La Habana para el mundo, para el futuro.

University of Northern Colorado

ESTER GIMBERNAT GONZÁLEZ

CÉSAR VALLEJO. *Obra poética*. Edición crítica. Américo Ferrari, coordinador. París/Madrid: Colección Archivos Nº 4, 1988.

La obra de pocos poetas ha sufrido una historia de publicación tan accidentada como la de César Vallejo, hasta tal punto que al conmemorar en 1988 el quincuagésimo aniversario de su muerte con la publicación de esta edición de su *Obra Completa* resultó imposible establecer una edición crítica en el sentido pleno del término. La larga y triste historia del mal destino de su obra la traza Américo Ferrari en su "Introducción del coordinador", afirmando sin embargo que medio siglo después de la muerte del poeta en 1938, "se imponía ... hacer un balance, reexaminar toda la historia de la obra poética, estudiar críticamente las ediciones sucesivas, tratar de separar los hechos de las conjeturas y lo probado de lo probable ..." (xx). Según Ferrari, de esta manera "se podía intentar la elaboración de una edición en cierto modo crítica del texto de la obra poética de César Vallejo".

El objeto, pues, de esta edición es el de "establecer ... por lo menos, un texto justificado y lo más limpio posible de errores de transcripción, por una parte; y por otra parte poner ante los ojos del lector el *continuum* de la escritura vallejiana con las articulaciones que el propio autor dispuso y exento de las que han introducido ajenas manos" (xxii). Desde el punto de vista textual y cronológico, subsisten casos en donde no existe manera de resolver las dudas: *v.g.* ¿cuál sería la versión definitiva de un poema con variantes en las dos ediciones de *Trilce* impresas en vida del poeta?, ¿cuál la cronología de la mayor parte de los poemas póstumos? El propósito, en tales casos, es precisamente el de poner en evidencia esas incertidumbres y dudas en lugar de ocultarlas.

Al confiar esta edición a un equipo de críticos y escritores de envergadura internacional y de reconocida competencia en el campo de la literatura latinoamericana y de los estudios vallejianos, se han seguido las normas de la Colección Archivos. Américo Ferrari es autor, además de ensayos importantes sobre Vallejo, de *El universo poético de César Vallejo*, uno de los estudios vallejianos más importantes de los años setenta. Como colaboradores de Ferrari figuran aquí Jean Franco con un análisis penetrante de la temática de la obra poética de Vallejo; Rafael Gutiérrez-Girardot, cuyo artículo demuestra la universalidad y actualidad de la obra de Vallejo; Giovanni Meo Zilio, quien pone al día su clásico (y ya raro) estudio, *Stile e poesia in César Vallejo*, basándose en otro libro raro, el análisis computacional del equipo italiano de

Ferdinando Rosselli, Alessandro Finzi y Antonio Zampolli, *Diccionario de concordancias y frecuencias de uso en el léxico poético de César Vallejo* (Pisa: CNUCE-CNR, 1978); Julio Ortega, quien en su artículo continúa desentrañando de modo ejemplar los contenidos latentes en la obra de Vallejo; José Miguel Oviedo, quien completa la historia del texto con una "Cronología de César Vallejo", además de establecer el texto de *Los heraldos negros* y los poemas juveniles (Ferrari mismo establece los de *Trilce* y los poemas póstumos). José Ángel Valente contribuye unas palabras preliminares a la edición destacando el hecho de que la palabra poética de Vallejo se dirige incesantemente, por la insistencia en "lo mínimo humano y sus símbolos (la cuchara, el zapato, el pantalón, el pan, la errónea ortografía popular, el personal peinado insigne, la semana del hombre con sus días)", contra cualquier lenguaje conceptualizante y totalizador que busque ocultar la realidad humana imponiendo un orden falso.

En la "Introducción", y en una "Nota filológica preliminar" Ferrari fija la historia filológica de los *textos* (puesto que los distintos problemas y lagunas que presenta la obra de Vallejo requieren que cada texto —sea una obra entera o un solo poema— tenga un tratamiento especial), además de los criterios de la edición, entre ellos los textos básicos empleados y las normas de presentación.

La segunda parte, consagrada a "El Texto", está dividida en tres secciones; las dos primeras incluyen los dos libros publicados en vida del autor: 1) *Los heraldos negros*, al que se agregan los poemas juveniles; y 2) *Trilce*. La tercera sección reúne los "poemas de París", poemas sueltos publicados en revistas, poemas póstumos, incluso los de la edición príncipe de *Poemas humanos* de Georgette Vallejo y Raúl Porras Barrenechea, y los de la edición príncipe de *España, aparta de mí este cáliz*. En el caso de los "poemas de París", Ferrari ha utilizado, para evitar los abundantes errores de *Poemas humanos* y su título inventado, facsímiles de los poemas mecanografiados y corregidos a mano por el poeta, y en un reducido número de casos, cuando existen, los manuscritos originales. Sin embargo, puesto que no hubo una edición hecha en vida del poeta que dé la versión final de estos poemas, el tratamiento crítico genético de estos textos ha sido posible sólo hasta cierto punto (y ha sido imposible en los casos de *Los heraldos negros* y *Trilce*, por falta de los manuscritos o copias originales).

Cada sección lleva una introducción y notas, las de la primera sección escritas por José Miguel Oviedo, las de las otras dos por Américo

Ferrari. Las introducciones tienen por objeto contextualizar los poemas en la trayectoria poética de Vallejo: su gestión, redacción y eventual publicación. A ese fin, los autores suministran detalles biográficos esenciales y datos sobre el desarrollo intelectual y literario de Vallejo que ayudan al lector a relacionar las tres etapas distintas de su obra. Las notas al pie de la página y al final de cada grupo de poemas, según Ferrari, sirven para "proporcionar datos sobre circunstancias y referentes de los poemas, más que 'explicar el sentido' de éstos, aunque en cierto número de casos nos ha parecido oportuno subrayar ciertos conceptos recurrentes o núcleos semánticos de la temática del poeta, discutir alguna interpretación controvertida o llamar la atención del lector a propósito de alguna ambigüedad semántica" (xxxi).

La historia del texto se establece en la cuarta parte, con el artículo ya mentado de Gutiérrez Girardot, un artículo muy sugestivo de Ferrari sobre "Los destinos de la obra y los malentendidos del destino" y la cronología de José Miguel Oviedo. Cumpliendo otra norma de la Colección Archivos, la quinta parte, "Lecturas del Texto", sigue a los textos e incluye los estudios mencionados arriba. Colocarlos después del texto de la obra tiene por objeto, según Ferrari, "no decidir en qué sentido debe leerse el texto sino, en una perspectiva abierta, entablar un diálogo sobre la historia de estos textos, sus temas, sus contenidos latentes y sus formas" (xxii). En todo caso, el equipo ha querido "dejar al lector la libertad y la responsabilidad de su propia lectura" (xxii).

Se cierra esta edición crítica con un *Dossier* que contiene un "Glosario", contribuido por José Miguel Oviedo, sobre *Los heraldos negros* y los poemas juveniles, y por Américo Ferrari, sobre *Trilce* y "Los poemas de París", o sea, los poemas póstumos y unos pocos publicados en vida del poeta durante sus años en París. Américo Ferrari contribuye, además, con una "Bibliografía", seleccionada entre la producción crítica de los dos últimos decenios. El punto de partida de esta bibliografía es el año 1968, en el que la publicación de los facsímiles de la obra póstuma por la editorial Moncloa (Lima) dio nuevo auge a las ediciones de la poesía de Vallejo y los estudios vallejianos. Sin embargo, en una "Advertencia", Ferrari destaca algunos estudios anteriores como hitos importantes en las reflexiones e investigaciones sobre la vida y obra de Vallejo, tales como los tempranos estudios de Luis Monguió, André Coyné y Giovanni Meo Zilio. Uno de los valores principales de esta bibliografía son los comentarios de Ferrari sobre los títulos incluidos, que constituyen la mayor parte, si no todo, de lo publicado sobre Vallejo en el lapso de veinte años. Desde luego, la bibliografía llega sólo hasta 1988, y no incluye todo lo publicado en ese año, quizás por límite de tiempo u otras exigencias editoriales (incluso falta una compilación de textos en la que figura un artículo del mismo Ferrari, *César Vallejo: La escritura y lo real* [Coloquio Internacional del Cincuentenario de Vallejo, Universidad de Burdeos III], ed. Nadine Ly. Madrid: Ediciones de la Torre, 1988). Para completar el *Dossier* hay una sección de "Documentos del epistolario de César Vallejo", cartas y fragmentos de cartas de Vallejo a sus hermanos y amigos entre 1918 y 1930, una de "Testimonio y juicios sobre Vallejo y su obra", un "Indice de la *Obra poética*" y un "Indice de primeros versos".

Esta edición quiere presentarnos a un Vallejo sin las parcialidades y las distorsiones de los que han utilizado la obra de Vallejo para sus propios fines (*v.gr.*, la larga polémica entre su viuda, Georgette, y Juan Larrea, desde lados opuestos del Atlántico ideológico con respecto al papel del marxismo en su obra). Esta meta se ha cumplido en gran parte, sin ceder el paso a un enfoque puramente formalista. Las aproximaciones críticas representadas podrían sustituirse —es decir, uno podría, como en cualquier compilación o antología, variar los componentes; por ejemplo, representar más equilibradamente los enfoques de otros vallejistas, tales como Alain Sicard, Alberto Escobar, Saúl Yurkievich, Roberto Paoli, entre otros, pero difícilmente se podría mejorar la calidad de los trabajos presentados. Es evidente, sobre todo por parte del coordinador (tanto con respecto a la presentación total de la edición como en su artículo "Los destinos de la obra y los malentendidos del destino"), el esfuerzo del equipo encargado de esta edición por presentarnos en la medida posible la obra poética de Vallejo en toda su complejidad, construyendo a la vez un texto fidedigno de su obra. La erudición que revelan las introducciones a los textos y el proceso filológico para establecer los textos es vasta y demuestra un conocimiento a fondo de la obra y crítica vallejianas. No se podría exigir más.

Lo que sí se debe exigir es que ediciones de semejante categoría se publiquen en otros idiomas, sobre todo en inglés. El objetivo de la Colección Archivos de difundir en ediciones esmeradas y definitivas hasta donde sea posible la obra de escritores de este siglo de América Latina y el Caribe es admirable, pero limitado por el hecho de que cada volumen se publica en sólo una de las lenguas de esta región geográfica: español, portugués, francés o inglés. En el caso de un poeta de categoría universal como Vallejo, es imprescindible difundir la obra y la crítica esencial vallejiana en otras lenguas además del español, y sobre todo en inglés, para que alcance al mayor público posible.

Tanto Jean Franco como Américo Ferrari aluden al "extraño silencio alrededor de su poesía", "silencio que", según Ferrari, "contrasta de manera chocante con el ruido orquestado que celebra las obras de otros poetas latinoamericanos en Europa y en los Estados Unidos de América". En efecto, su nombre "suena", pero su obra es, aún hoy, mal conocida o casi desconocida, hasta en el mundo hispanoparlante (539). Aunque Ferrari destaca el hecho de que la venta de un libro de poesía de Vallejo no garantiza su lectura, es obvio que se lo podría leer, mientras que ningún lector podría leer un libro inexistente. Como lo expresa Ferrari, "la difusión y la distribución de la poesía son evidentemente una condición necesaria aunque no suficiente para su lectura"(542).

La bibliografía en inglés, tanto de las ediciones de la poesía de Vallejo (no siempre de la calidad deseada) como de crítica sobre su obra, es escasa. El único estudio global y detallado de su poesía es el de Jean Franco: *César Vallejo. The Dialectics of Poetry and Silence*. Cambridge & New York: Cambridge University Press, 1976. Un esfuerzo para superar tal situación nos promete la misma Colección Archivos, cuyo Director, Amos Segala, ha establecido un acuerdo con la University of Pittsburgh Press para publicar una serie de ediciones en inglés que no remeda la serie original sino que se basa sobre la erudición y los textos de esa serie, en los que se busquen similar calidad y confianza de lectura por un público angloparlante. Entre los primeros autores de esta serie figura Vallejo. Es de esperar que éste sea sólo el primer paso para una mayor difusión de su obra.

University of Pittsburgh   KEITH McDUFFIE

MARIANO AZUELA. *Los de abajo*. Edición Crítica. Jorge Ruffinelli, coordinador. París/Madrid: Colección Archivos Nº 5, 1988.

En *Tiempo y relato*, Paul Ricoeur define la recepción de las obras literarias incorporadas a la tradición, nacional o universal, como el conjunto dinámico y cambiante de mediaciones entre el pasado y el presente, o más exactamente entre el "horizonte de expectativas" del pasado y del presente. Entendida como reconfiguración, desde el presente, de la pasada figuración primera, la lectura contribuye así a la ampliación y profundización de "espacios de experiencias" que, al actualizar mundos y horizontes diversos, mantienen vivas nuestras relaciones con un pasado inacabado y abierto, que nutre nuestro "presente histórico". En este mismo marco, Ricoeur considera que las obras reputadas "clásicas" son aquellas cuya recepción ha perdido parte de su dinamismo, y cuya reconfiguración se encuentra parcial o temporariamente estabilizada.

En la introducción del volumen número 5 de la Colección Archivos a su cargo, Jorge Ruffinelli habla en cambio de *Los de abajo* como de un "clásico vivo", cuya significación o cuyo valor —cognitivo, ético y estético— siguen siendo objeto de múltiples debates. La novela de Mariano Azuela comparte sin duda esta condición con otros muchos clásicos de la literatura hispanoamericana o mexicana. Y ello no sólo por cuanto el sistema de dichas literaturas es, como cualquier otro, un sistema dinámico y abierto, sino también por cuanto éste permanece hasta hoy incompleto y relativamente endeble. El rescate y establecimiento de muchos textos están aún a la orden del día. Asimismo, la reconstitución del entramado denso y complejo de las relaciones implícitas o explícitas que los textos mantienen entre sí, establecen con otras tradiciones literarias, o conllevan con los contextos históricos y culturales de su producción y sus recepciones, está lejos aún de haber alcanzado la exhaustividad hacia la cual *tiende* normalmente toda empresa de historiografía literaria. Por lo mismo, y aunque el estancamiento parcial de los procesos de reconfiguración de los clásicos latinoamericanos no sea un fenómeno desconocido en nuestro medio —*Los de abajo* es buen ejemplo de ello—, las virtualidades o las potencialidades de estos clásicos son todavía inmensas. A los cambios en el horizonte de expectativas inherentes a toda cultura viva, se suman aquí las necesidades de investigación planteadas por la precariedad de los sistemas literarios.

A estas lagunas manifiestas de los sistemas literarios del subcontinente americano, y al enriquecimiento o a la renovación de las modalidades de lectura de las obras que las integran, responde expresamente la Colección Archivos. Hacer de la tradición literaria americana y caribeña una tradición rica, densa y viva, enlazada con nuestro "presente histórico", constituye su objetivo primordial. En el caso concreto del volumen dedicado a *Los de abajo*, no cabe duda de que los propósitos de la Colección han sido cumplidos. Toda relectura de la novela de Mariano Azuela tendrá en adelante que partir de la presente edición crítica.

En efecto, ésta es la primera edición que pone al alcance del lector los distintos estados del texto, desde su primera versión —publicada por entregas en 1915 en el periódico texano *El Paso del Norte*—, hasta su forma definitiva (Pedro Robredo, 1938) —incorporada a las *Obras completas* de Mariano Azuela publicadas por el Fondo de Cultura Económica, en 1958. Las importantes modificaciones y ampliaciones del texto primero, escrito y publicado "al calor de los hechos", junto con las diversas correcciones estilísticas realizadas por el autor después del (re)descubrimiento de la obra en 1926, proporcionan a Jorge Ruffinelli ("Nota filológica") y a Stanley L. Robe ("La génesis de *Los de abajo*") valiosísimos elementos para estudios prolijos del trabajo de elaboración artística llevado a cabo por Mariano Azuela. La "escritura" y los principios que la rigen dejan aquí de convertirse en la simple proyección, sobre el texto, de un método formal de análisis. Se ciñen a las fuentes documentales y a las sucesivas reelaboraciones de la materia textual para poner de manifiesto las orientaciones concretas que guiaron al autor en la reescritura de sus "cuadros y escenas de la revolución actual" (1915), y en la búsqueda de una auténtica poética narrativa.

El rescate del texto primigenio por Stanley L. Robe en 1979, su cotejo con el texto definitivo y con las sucesivas y diversas correcciones realizadas por el autor, las valiosas informaciones proporcionadas por este último acerca de sus fuentes literarias o de los modelos vivos y las circunstancias que presidieron a la configuración de situaciones y personajes novelescos, y por último el rastreo de las reflexiones dispersas del mismo Azuela acerca de las relaciones que mantenía con su obra, contribuyen entonces a poner en entredicho la acendrada convicción de que *Los de abajo* carece de elaboración propiamente artística y de que su valor es en fin de cuentas puramente documental o testimonial, vale decir, circunstancial y pretérito.

La investigación de Jorge Ruffinelli acerca de la "fortuna" del texto ("La recepción crítica de *Los de abajo*") esclarece por otra parte los diversos factores históricos y culturales que concurrieron en la cristalización de éste y otros juicios de valor, hoy convertidos en lugares comunes de la crítica. En esta nueva investigación el autor adoptó criterios de periodización que conjugan factores históricos y políticos con elementos culturales diversos: las formas de la vida y las batallas literarias, las modalidades de publicación y difusión de la obra dentro y fuera de México, la participación del Estado postrevolucionario en la institucionalización y la consagración de autores y obras, las intervenciones decisivas de figuras intelectuales relevantes. En pocas páginas Ruffinell llega así a un esbozo bastante complejo de los procesos de institucionalización de la literatura en el México de la primera mitad de este siglo. Este mismo esbozo le permite conjuntamente discernir cuatro etapas fundamentales en el proceso de incorporación de la novela de Mariano Azuela a la tradición literaria mexicana: el desconocimiento primero, el rescate posterior a raíz de la polémica estridentista que llevó al autor a reescribir parcialmente su obra, el enaltecimiento de ésta en el período de auge del nacionalismo revolucionario, y la consagración final del autor y su obra, con la consiguiente tentativa de apropiación simbólica por parte del Estado, durante el gobierno de Miguel Alemán. Para cada uno de los períodos, Ruffinelli reconstituye los términos del debate recurriendo a los diversos juicios de valor emitidos por los principales críticos o comentaristas de la época y, al término de un recorrido que reconstituye de manera concreta la forma en que la crítica tiende a inscribir la literatura en los diversos debates políticos, ideológicos y culturales contemporáneos, concluye subrayando la ambivalencia fundamental de una crítica y una valoración ante todo ideológicas, al menos tratándose de las mexicanas. Recalca así mismo lo paradójico de un proceso que lleva a un autor y una obra a convertirse en "clásicos" sin que la novelística del narrador jalisciense haya dado lugar a investigaciones sustanciales, al menos por parte de los medios académicos mexicanos.

Sin embargo, el valioso rastreo de la crítica y sus ambigüedades llevado a cabo por Ruffinelli deja también entrever una serie de problemáticas irresueltas que podrían reunirse en torno a las siguientes preguntas: ¿Cuáles son en definitiva las deudas de Azuela respecto del realismo y el naturalismo —que, por lo demás, constituyen estéticas bien diferenciadas— y en qué medida puede hablarse en este caso de una recreación o de una transformación de dichas estéticas en función de una realidad socio-cultural y una perspectiva ideológico-estética "otra"? ¿Cuáles son en definitiva los principios constructivos a los cuales reponden la diversidad de personajes y de voces y aquella acción "fragmentada" y "dispersa" que para unos constituye una "falla estética" mientras que otros ven en ella uno de los rasgos de la "modernidad" de Azuela? ¿Cómo se resuelve, en el doble plano de la composición y del estilo, la relación entre oralidad y escritura (modificada por el autor en la reescritura del texto primigenio), o mejor dicho, entre los lenguajes orales y vivos de la tradición popular y los lenguajes escritos de la tradición letrada? ¿Cuáles son las modalidades que adopta en el texto la relación entre el enunciado y la enunciación, entre la voz del narrador y la de sus diversos personajes? ¿Cuáles son en definitiva las relaciones (inscritas en el texto) que mantiene el autor con su texto, entendido éste como pugna insoluble entre enunciado y enunciación? Queriendo escapar a la "recuperación ideológica" de la que era objeto por parte del gobierno de Miguel Alemán, Mariano Azuela recordaba que, en Francia, la novela gozaba al mismo tiempo de la estima de Henri Barbusse (quien impulsó la traducción y la publicación francesas) y de la de los partidarios de la Acción Francesa. ¿Implica esta salida habilidosa —que traspone a otro contexto el debate mexicano en torno al carácter revolucionario o contrarrevolucionario de *Los de abajo*— la ausencia de una posición ideológica definida por parte del autor, o apunta hacia formas complejas de inscripción de las ideologías (en plural) en el texto? De ser así, como creemos, la función de la crítica no puede consistir en intentos de *fijar* el sentido, y menos aún en responsabilizar al autor por significaciones que parecen escapársele, al menos en parte.

La crítica consiste en una forma de lectura autorizada y como tal cumple con una función de mediación entre la obra y sus diversos lectores o, si se quiere, en los términos de Paul Ricoeur, entre el proceso de configuración (escritura) y los diversos y sucesivos procesos de reconfiguración (lecturas). Mucho más que el establecimiento o la fijación de un sentido hipotético, supuestamente encerrado en el texto, en esta función de mediación, con los conocimientos y las orientaciones que proporciona para la ampliación y la profundización de la experiencia estética, la que justifica la existencia de disciplinas como la teoría, la crítica y la historiografía literarias.

Desde perspectivas muy distintas aunque complementarias entre sí, Carlos Fuentes ("La Ilíada descalza"), Luis Leal ("*Los de abajo* lectura temática"), Seymour Menton ("Texturas épicas de *Los de abajo*") y Mónica

Mansour ("Cúspides inaccesibles") concurren aquí para proponer lecturas renovadas de este "clásico" de las letras mexicanas.

La de Carlos Fuentes, extremadamente sugerente, es más un ensayo que un análisis ceñido del texto. En él, el lector volverá a encontrar muchas de las preocupaciones del autor de *La Muerte de Artemio Cruz, Cristobal Nonato* o *Valiente Mundo Nuevo*. Descansa en una confrontación de la estructura y el desarrollo de los géneros o las formas (mito, épica y tragedia) en la tradición occidental con una realidad y una tradición americanas signadas por la Conquista. En opinión de Fuentes, ésta se encuentra en el origen del trastocamiento de las relaciones históricas que dichas formas o géneros mantienen entre sí en la tradición europea:

> Pues si en Europa la sucesión privativa de la antigüedad clásica (mito-epopeya-tragedia) es vencida por la modernidad cresocristiana por la sucesión epopeya-novela, en el Nuevo Mundo las expectativas exageradas de la Utopía, su victimación por la Epica y el refugio de aquellas en un Barroco doloroso establece de inmediato dos grandes tradiciones: la *crónica* que apoya políticamente la versión épica de los hechos y la *lírica* que crea otro mundo, otra historia en la cual todo lo asesinado y sofocado por la historia épica tenga cabida. Bernal es la fuente secreta de la novela hispanoamericana: su libro recuerda, recrea, ama y lamenta, pero se ofrece como "crónica verdadera" (xxiii).

Es en este nuevo marco y en esta nueva encrucijada que Fuentes sitúa su aproximación a la poética narrativa de *Los de abajo*, buscando en cierta forma responder, desde una perspectiva menos ideologizada y más propiamente estética, al interrogante acerca del carácter "revolucionario" o no de la novela de Azuela.

Basada en una tradición conceptual que va de Aristóteles a Hegel, la interpretación que propone Fuentes de la sucesión histórica de mito, epopeya, tragedia y novela en Occidente es desde luego contestable, por demasiado lineal. Sin embargo, tiene la ventaja de proporcionar un marco de referencias que permite ubicar y poner de relieve el papel fundamental que ha desempeñado y sigue desempeñando la crónica en la aprehensión y la formalización artística del mundo americano. Su lugar y papel bien podrían consistir en los que Yuri Lotman atribuye en *La estructura del texto artístico* a aquellas "formas primigenias" cuyas potencialidades definen, a largo plazo, las múltiples orientaciones posibles de una literatura. Señaladas justamente por Fuentes, las huellas de Bernal en la tradición narrativa americana están todavía sin explorar.

Las relaciones de *Los de abajo* con la épica constituyen también el principal objeto del análisis de Seymour Menton. Refuta por esta vía — y apelando como Fuentes a las relaciones intertextuales como la *Ilíada* y otras formas épicas— la supuesta inorganicidad de la narración del novelistas jalisciense. Centrado en los aspectos formales de la composición y el estilo, su análisis, sumamente prolijo, apuntala varias de las intuiciones de Carlos Fuentes, aunque sin abordar el problema de las diferencias entre una forma épica y otra novelesca o, mejor dicho, de las relaciones polémicas que la segunda establece necesariamente con la primera.

Luis Leal retoma a su vez la cuestión de la organicidad de la narración desde la perspectiva de su unidad temática, entendida ésta como el conjunto de "objetos mentales propuestos por la obra" (223). Agrupa entonces temas y motivos en torno a dos grandes universos de representaciones: el histórico y político (maderismo, huertismo, villismo y carrancismo, completados por un deslinde entre "personajes históricos y personajes ficticios" y por una corroboración de lo inmutable de las relaciones entre "los de arriba y los de abajo"), y el arquetípico (la violencia, la muerte y la naturaleza). Repertorio cuidadoso de temas y motivos, su análisis establece al mismo tiempo formas y ritmos en la circulación de los significados muy útiles para el lector.

Mónica Mansour, por su parte, echa mano de los instrumentos semióticos para responder también a la disyuntiva tan "clásica" ya como la novela misma: "*Los de abajo* ¿novela de la Revolución o revolución en la novela?" Son, por lo tanto, los diferentes aspectos de la "innovación literaria" los que persigue la autora. Parte de la descripción de la trama, del diseño de la estructura espacio-temporal, de la diferenciación de los registros y la caracterización de los personajes. Con todo, lo más sobresaliente de su análisis radica, a nuestro modo de ver, en su intento de desplazar la problemática del ámbito de la representación (construcción de situaciones y personajes) y vincular este último con los diferentes registros de lenguaje, sea éste el del narrador o el de los diversos personajes. Aunque diluido en parte por la forma de exposición adoptada por la autora, el último aspecto de este señalamiento novedoso nos parece abrir puertas para un estudio sistemático de las relaciones concretas entre oralidad y escritura por un lado, y para el establecimiento de relaciones intertextuales inauditas entre *Los de abajo* y *Pedro Páramo*, entre otros. Mónica Mansour concluye su análisis con una reflexión en torno a "la ideología en el texto", recalcando sus ambigüedades fundamentales que sitúa en función de la diversidad de puntos de vista y el papel del narrador dentro de la estructura novelesca. Aquí también el análisis queda corto, pero la vía está abierta y bien delineada.

Un *Dossier* —que integra textos básicos del propio Azuela y de otros, sobre la novela—, y una extensa Bibliografía completan el volumen, cuya cubierta lleva por ilustración la reproducción de un cuadro del pintor mexicano Juan Soriano.

En síntesis, esta edición crítica —y cuidada— de *Los de abajo* constituye sin duda una valiosísima contribución al conocimiento y la difusión de las letras mexicanas, y responde también de modo bastante orgánico al propósito expreso de su coordinador: devolver a *Los de abajo* su condición de "clásico vivo".

Instituto de Investigaciones
Sociales de la U.N.A.M.   FRANÇOISE PÉRUS

MÁRIO DE ANDRADE. *Macunaíma: O herói sem nenhum caráter.* Edição crítica. Telê Porto Ancona Lopez, coordinador. París/São Paulo: Colección Archivos Nº 6, 1988.

Em crônica publicada no *Diário de Notícias*, de São Paulo, a 20 de setembro de 1931, Mário de Andrade defendeu-se de uma mal escondida sugestão de plágio feita pelo amazonólogo Raimundo Moraes, reconhecendo não só a sua importante dívida, em *Macunaíma*, para com o etnólogo alemão Theodor Koch-Grünberg, no seu *Vom Roroima zum Orinoco* (vol. 2, 1924), e outros, como também a interdiscursividade e intertextualidade fundamentais de toda a literatura popular feita à maneira de rapsódia. Afirma:

> Copiei, sim. (...) O que me espanta e acho sublime de bondade, é os maldizentes se esquecerem de tudo quanto sabem, restringindo a minha cópia a Koch-Grünberg, quando copiei todos. (...) copiei o Brasil, ao menos naquela parte em que me interessava satirizar o Brasil por meio dele mesmo. (427)

Identifica-se, pois, com o rapsodo grego e seus homólogos brasileiros atuais, os cantadores nordestinos, que "transportam integral e primariamente tudo o que escutam e lêem pros seus poemas" (426). No caso de *Macunaíma*, que Mário chegou a classificar justamente como "rapsódia", M. Cavalcanti Proença nos enumera algumas dessas fontes "transportadas" no seu monumental *Roteiro de Macunaíma* (1955). Consta que, além de aproveitar os mitos e lendas dos taulipangues e arecunás registrados por Koch-Grünberg, Mário incorporou à obra inúmeros elementos populares brasileiros e latino-americanos de origem européia e africana que colhera em outros estudos etnográficos e folclóricos, bem como as palavras de vários oradores e autores literários nacionais. Vale assinalar que normalmente alterava ou parodiava os elementos emprestados, em vez de transcrevê-los tal qual os encontrava.

Se bem que Mário pareça limitar tal processo de apropriação ao âmbito da poesia popular, assim como às obras que nela se inspiram, não seria irrazoável, a nosso ver, encontrar nas supracitadas palavras dele —e, aliás, no próprio *Macunaíma*— pontos de contato com as teorias de intertextualidade literária propostas por Bakhtine (1929) e Kristeva (1969) se não também com a noção de bricolagem avançada pelo antropólogo Lévi-Strauss (1962) a fim de explicar a mitopoese. De fato, tais ligações vêm sendo reconhecidas desde os anos 70 por estudiosos como Mário Chamie (linha bakhtiniana) e Haroldo de Campos (linha proppiana), como fatores que concorrem para a pluralidade global da obra.

A presente edição crítica de *Macunaíma*, que faz parte da Coleção Arquivos, patrocinada pela UNESCO, põe em relevo tal pluralidade, sobretudo no que diz respeito à "carpintaria" do livro. Não se limita, porém, a traçar fontes ou influências nem a descrever as transformações operadas pelo autor no material emprestado. Realiza isso, é claro, e muito bem. O seu maior valor cifra-se antes no cotejo pela coordenadora, Telê Porto Ancona Lopez, de várias versões manuscritas da obra com diversas edições revistas pelo autor, visando à fixação do texto, bem como na sua meticulosa documentação de variantes textuais à margem do livro. De acordo com as estipulações da coleção, a coordenadora também reuniu uma equipe de *scholars* de renome para a efetuação do projeto, servindo-se, para tanto, de "uma metodologia uniforme que leva em conta os últimos progressos de crítica textual e literária" (primeira "orelha"). O resultado é uma apreciável série de ensaios críticos e outros documentos suplementares que também valoriza a obra enquanto processo e constructo multifário.

O volume se divide em cinco partes: I. Introdução; II. O Texto; III. História do Texto (Percurso e Percalços); IV. Leituras do Texto (Distanciamento e Aproximações); e V. Dossier da Obra: Memória (O texto e o livro). A primeira parte se inicia com o "Liminar" de Darcy Ribeiro, seguido esse por uma breve introdução e uma extensa nota filológica ("Vontade/Variante"), ambas redigidas pela coordenadora. Depois do texto, a terceira parte consiste em dois ensaios que procuram situar a obra ("Situação de *Macunaíma*", de Alfredo Bosi, e "A trajetória de um livro", de Silviano Santiago); uma bibliografia comentada dos livros de crítica (organizada por Diléa Zanotto Manfio); uma cronologia do autor e da obra; e uma iconografia reunindo fotos tiradas do autor, tiradas pelo autor, e de capas e páginas de rosto das primeiras edições da obra, páginas de traduções e documentos afins.

Incluem-se na quarta parte quatro ensaios críticos que versam sobre aspectos variados do livro de Mário: "Macunaíma: Apropriação e originalidade", de Raúl Antelo; "Rapsódia e resistência", de Telê Porto Ancona Lopez; "A carta para as Icamiabas", de Maria Augusta Fonseca; e "A pedra mágica do discurso", de Eneida Maria de Souza. Na quinta parte, uma espécie de apêndice do volume, aparecem estudos escritos pela coordenadora do aproveitamento por Mário de diversos elementos do livro de Koch-Grünberg ("Vínculos: Makunaíma/Macunaíma") e de informações regionais coligidas pessoalmente pelo autor em 1927 durante uma viagem ao Norte do país (e só publicadas postumamente em 1977 com o título de *O Turista Aprendiz*). Figuram, outrossim, vários tipos de apontamentos do próprio autor; facsímiles de manuscritos (páginas de rosto e do texto, índices, dedicatórias e os vários prefácios preparados por Mário para Macunaíma); considerações feitas pelo autor sobre a obra em cartas, entrevistas, crônicas e no próprio diário; trechos de algumas traduções do capítulo VI da obra; e um considerável glossário de termos indígenas e africanos, regionalismos e gírias usados na obra, que a compiladora, Diléa Zanotto Manfio, apelida de "Jamachi" ("cesto" em língua indígena não especificada). O volume termina com duas extensas bibliografias reunidas por Darcilene de Sena Rezende: uma bibliografia unificada de todas as obras citadas pelos vários colaboradores e uma bibliografia geral ativa e passiva de Mário de Andrade.

Em nota que traz ecos dos adeptos da dependência cultural, se não também da linha antropofágica, Ribeiro inicia a discussão da obra referindo-se ao "curral da civilização ocidental" de onde "[n]inguém escapa (...), nem Mário" (xxi). Prossegue:

> Essa é nossa circunstância inelutável. Por mais exóticos que sejamos e queiramos ser, é neste curral, nesta dimensão, que existimos. Nela é que estamos condenados a criar. Felizmente —e quem inaugura esta moda é Mário— já não só papagaiando, nem provendo material etnográfico e folclórico bruto para digestões alheias. Mas digerindo, nós mesmos, as nossas diretrizes, endofagicamente para exprimir, melhor que outro qualquer, o humano que encarnamos. (xxi-xxii)

A valorização dos subsídios da *crítica genética* é acusada pela coordenadora na sua introdução ao volume, o qual, na sua opinião

> descobre *Macunaíma* em suas raízes, em seu percurso, na sua pluralidade. Nas variantes e no estudo delas, ao buscar a organicidade estrutural e estilística, o texto, é, dialeticamente, um e vários. Espelha as etapas, as fases, o trabalho. Traduz a insatisfação, a dificuldade do criador em se separar do objeto criado, ou melhor, a força de um vínculo que desafia o tempo. Abre caminho para a escolha editorial, vinda da análise e da interpretação. (xxiii)

Lopez pormenoriza as bases dessa escolha na nota filológica que se segue. Nela, afirma ter sido 14 o número de lições, ou variantes textuais, utilizadas por ela na colação do texto e fixação do título da obra na presente edição crítica. Incluem-se nessa lista cinco lições de texto integral (a primeira edição; exemplar da primeira edição com correções do autor; a segunda edição; exemplar da segunda edição com correções do autor; a terceira edição); dois manuscritos; três capítulos publicados em separado pelo autor em revistas diversas; três capas de tiragens diferentes da terceira edição; e a primeira edição crítica (1978; também organizada por ela). Passa logo a descrever fisicamente cada uma delas, detalhando minuciosamente características como tamanho, cores, capa, título, página de rosto e de ante-rosto, paginação, dedicatória, número de capítulos, títulos de capítulos, listas das obras do autor, colofon e "orelhas". É de notar que Lopez, embora considere a presente edição crítica como um melhoramento em relação à de 1978, a caracteriza como "apenas mais um texto de Macunaíma para ser lido em confronto com os demais" (li). Não a vê de maneira alguma como "a expressão DA vontade do autor" (li), acrescenta.

Os ensaios críticos contidos no volume, além de tratarem de aspectos os mais diversos, refletem abordagens diferentes. O de Bosi visa a "situar Macunaíma no roteiro estético e ideológico de Mário e, ainda que sumariamente, no contexto de signos e valores dominantes na República Velha ..." (172). Ocupa-se também de outros temas: o tom lúdico, satírico, paródico e carnavalizante da obra; a dimensão fantástica, onírica; o livro enquanto bricolagem; a estória como versão carnavalizada da *Demanda do Santo Graal* (o graal é substituído pela muiraquitã); a falta de continuidade no caráter do protagonista, preconizada pelo subtítulo, como expressão de uma suposta identidade nacional ("O brasileiro seria um homem desavindo consigo mesmo" [180].); o livro como mistura de otimismo e pessimismo ("Ai! que preguiça!", reza o lema do herói, lembrando a cobiça e luxúria assinaladas no *Retrato do Brasil* de Paulo Prado, a quem se dedica a rapsódia.).

Em contrapartida, o ensaio de Santiago estuda a recepção da obra, realçando o teor fundamentalmente negativo da reação crítica do próprio modernismo. Considera a publicação por Proença, em 1955, do *Roteiro de Macunaíma* como o divisor de águas dessa reação, pois só a partir dela é que começa a surgir uma crítica positiva, de gabarito, sobretudo nos anos 70 e 80. Atribui essa mudança de fortuna a uma feliz convergência de vários fatores: a voga de experimentalismo estético dos anos 60, haja visto o concretismo na poesia; a consolidação e atualização teórica de programas de pós-graduação em Letras de várias universidades brasileiras; a volta de obras literárias nacionais como fontes de inspiração da parte do cinema brasileiro, premido por necessidades financeiras e políticas após o golpe militar de 1964 (culminando em 1969 com o filme Macunaíma, de Joaquim Pedro de Andrade); idem, se bem que em menor grau, pelo teatro nacional (dando lugar e versão teatral da obra, do francês Jacques Thiériot, encenada por Antunes Filho em 1978); a adaptação da obra em 1974 como tema carnavalesco pela Escola de Samba Portela, do Rio de Janeiro; a publicação de traduções da obra a novas línguas e o desenvolvimento dos estudos comparativos dedicados à situação da obra num contexto latino-americano.

Detecta, com Gilda de Mello e Souza, autora de *O tupi e o alaúde: Uma interpretação de Macunaíma* (1979), duas linhas divergentes e complementares na atual crítica macunaímica. A primeira, inspirada na morfologia da fábula do formalista russo Vladímir Propp (1928), bem como nos estudos de Lévi-Strauss, Greimas e Brémond, propõe uma leitura estrutural da obra do tipo já utilizado para a análise dos contos populares, sendo o seu maior representante o crítico e poeta concretista Haroldo de Campos, autor da *Morfologia do Macunaíma* (1973). A segunda, baseada nas teorias bakhtinianas de dialogismo, polifonia e carnavalização, visa a uma leitura intertextual, abeberando-se outrossim nas noções de intertextualidade propostas por Kristeva e Derrida. Encontra seu expoente máximo em Mário Chamie, cujo livro *Intertexto: Escrita rapsódica —Ensaio de leitura produtora* (1970) deu início a toda uma série de estudos da obra com abordagem semelhante.

Em "Macunaíma: Apropriação e originalidade", Antelo identifica algumas das fontes hispano-americanas da rapsódia marioandradiana, notando também que, ao redigi-la, o autor já lera o *Totem e tabu* de Freud. Acrescenta que as apropriações de Mário em *Macunaíma* não se restringem, porém, aos mitos e lendas populares recolhidos por tais estudiosos ou por Koch-Grünberg. De fato, Mário se vale também de algumas técnicas tradicionais do contador de estórias, como o processo acumulativo da suíte musical (sendo professor de música) e o da variação, ambos assinalados por Mello e Souza. Em "Rapsódia e resistência", Lopez percebe a presença de duas leituras em *Macunaíma*: "uma comprometida com a linha principal da narrativa e a outra mais lúdica e não menos importante, e da reiteração que nos aproxima da personagem principal, que a familiariza com o leitor" (272). Essa segunda leitura se realiza através dos "capítulos e seqüências que repetem traços do herói, constituindo a parcela de interpolação no desenvolvimento linear, retardando o desenlace e melhor fixando o protagonista em suas ambivalências" (272).

Fonseca estabelece em seu ensaio a grande importância do capítulo IX da obra, "Carta pras Icamiabas". Enxertado precisamente no meio do texto, o capítulo foi designado como "intermezzo" pelo autor musicólogo e é considerado pela ensaísta como "viga mestra" da rapsódia (290). Nele, o herói passa a desempenhar provisoriamente a função de narrador, dirigindo-se em forma epistolar às "mui queridas súbditas nossas, Senhoras Amazonas" (72) a fim de comunicar-lhes a perda da muiraquitã, assim como as próprias impressões da capital paulista, onde se encontra no momento. O estilo arcaico da missiva assinala de início não só as intenções paródicas e filológicas do autor como também a tematização e problematização da própria língua. Na opinião da crítica, a carta em si constitui um absurdo, tanto por ser dirigida a destinatárias analfabetas que provavelmente nem entendem a língua portuguesa como pelos freqüentes erros gramaticais cometidos pelo remetente devido à assimilação apressada e incompleta da língua de Camões. Cabe notar a observação satírica feita pelo protagonista, que afirma que os paulistanos "falam numa língua e escrevem noutra" (84). De fato, a epístola, que satiriza muitos dos costumes da cidade, parece ser uma espécie de carta de Caminha às avessas, paródia irreverente das crônicas escritas pelos primeiros observadores lusitanos chegados a Pindorama. A ensaísta a compara ainda ao lundu pelo seu caráter "mestiço", urbano e individual, pela sua comicidade e sensualidade e por servir de entreato ao resto da rapsódia.

No seu ensaio, Eneida Maria de Souza também sublinha a forte ênfase colocada pelo autor no aspecto lingüístico da obra. Afirma: "O grande mérito do livro reside, sobretudo, na subversão do material lingüístico e na recuperação de uma 'fala nova'" (295). Se Mário "desregionaliza" a flora, a fauna e a geografia do livro, justapondo elementos desencontrados, incôngruos a fim de criar uma paisagem heteróclita, sintética, também "hibridiza" a linguagem da narrativa na procura dessa "fala nova". Assim, Souza traça um paralelo entre a muiraquitã perdida e a busca da linguagem (o "amuleto verbal", na voz de Campos), assinalando outrossim a constante associação, ao longo da estória, da pedra com a palavra. Muitos elementos contribuem para essa identificação da muiraquitã com o signo lingüístico: Macunaíma coleciona palavrões em vez de pedras preciosas, que constituem o tesouro-fetiche de Piaimã; ao invés de polir as jóias, o herói burila os vocábulos (tanto as bocagens como a linguagem da Carta); há vários casos de epitáfios, ou inscrições lapidares; a petrificação, ou imobilização, da palavra é contrastada com a fluidez do significante. Há mais, muito mais; de fato, a pedra parece ubíqua na obra. Macunaíma metamorfoseia a cidade de São Paulo em bicho-preguiça de pedra. Ele mesmo acaba virando estrela depois de gravar "NÃO VIM NO MUNDO PARA SER PEDRA" em qualidade de epitáfio numa laje que antes fora jaboti (165). O próprio nome de Venceslau Pietro Pietra dispensa comentário.

Dedicada a "Antonio Candido, o Mestre", a edição crítica de *Macunaíma* publicada pela Coleção Arquivos avantaja de longe as edições anteriores da obra, tanto em matéria de ecdótica quanto em *apparatus criticus*. "Mário de Andrade ia rir, de tão contente, se visse esta edição crítica de *Macunaíma*", declara Ribeiro em seu prefácio (xvii). Concordamos plenamente. Com seu esmero e erudição, a coordenadora e sua equipe nos brindam com uma riqueza —"um despotismo" diria Mário— de textos, proto-textos, para-textos e análises da obra nunca dantes reunidos num só volume.

University of Pittsburgh   BOBBY J. CHAMBERLAIN

JOSÉ ASUNCIÓN SILVA. *Obra completa*. Edición crítica. Héctor H. Orjuela, coordinador. París/Madrid: Colección Archivos Nº 7, 1990.

Podríamos decir sin temor a equivocarnos que esta edición crítica de la obra de José Asunción Silva realizada por el profesor Héctor H. Orjuela, eminente crítico e investigador colombiano, es la culminación de muchos años de una ardua labor en pos del estudio de la obra de Silva. Labor maravillosa que ha permitido revelar al lector facetas desconocidas en Silva, poder tener acceso a material poco conocido o definitivamente desconocido y, en fin, contribuir a la ubicación de Silva en el puesto que le corresponde dentro de la literatura latinoamericana. Sirvan estas palabras introductorias como homenaje y reconocimiento a la importancia del trabajo crítico del profesor Orjuela.

El libro se divide en 5 partes, a saber: Primero, una nota liminar de Germán Arciniegas y una introducción del coordinador. Segundo, el texto completo de la obra de Silva que incluye toda su poesía y prosa. El establecimiento del texto y las notas son de Héctor H. Orjuela. Tercero, una historia del texto. Ubicación de Silva y su obra dentro del marco histórico y cultural que le tocó vivir. Cuarto, lecturas del texto. Interpretación y análisis de la obra de Silva. Quinto, *dossier*: Traducciones, correspondencia, bibliografía selecta. La selección de diez críticos especializados en la obra de Silva permite que todo el libro se convierta en un gran diálogo crítico donde confluyen opiniones de diverso tipo, complementándose en la mayoría de los casos pero también dejando espacio para la saludable divergencia en la visión y el análisis.

Es interesante la escogencia de Germán Arciniegas para escribir las palabras liminares a este libro. Por un lado nadie más indicado que el viejo maestro del altiplano y el Caribe, docto como el que más en todos los hechos de nuestra cultura, para introducirnos al mundo en expansión de Silva. Arciniegas conoce y ha vivido el mundo bogotano, la *inteligencia* capitalina, que ya en el siglo pasado alimentó existencial y culturalmente a Silva; pero también, hombre de mundo y mundo occidental, ha hecho presente en él la Europa que también nos nutre y complementa. Además, la preocupación de Arciniegas por la cultura latinoamericana, su interés en contribuir a la dilucidación de estos intrincados laberintos, manifiesta en sus escritos de toda una vida, es prueba palpable de la calidad de su obra. Es esa dirección al pensamiento lo que valora la obra de este escritor.

Sin embargo, en su apreciación de Silva sus palabras dejan ver como una fina radiografía la ambivalencia con que algunos colombianos han tratado el tema de Silva. En primer lugar nuestro liberalismo mental y faccional nos empuja a un "tuerto" populismo: un sólo ojo para la realidad. Silva, conservador y decadente, escéptico y amargo, no puede entrar por ese ojo de aguja igualitaria. Así, es lástima que Arciniegas todavía preste atención a las palabras de un poeta español, Juan Ramón Jiménez, quien dice, refiriéndose a Silva, que exceptuando el 'Nocturno', "quemaría el resto de su decadente vida y su escritura confusa". Es cierto que Arciniegas señala la equivocación del plateresco peninsular al referirse a la entrega existencial de Silva, pero no obstante aplaude su calificativo de cursi para las superficies del poeta. ¿Contradicción? Tal vez si Silva se hubiera puesto alpargatas y ruana en lugar de fina ropa francesa e inglesa ya cierta gente hubiera encontrado otras alternativas para no verlo en su integridad vital. Ahora bien, la "escritura confusa" de Silva que critica el señor Jiménez es por rebote el mejor elogio. Silva inaugura con su obra la moderna literatura colombiana.

Es de notarse asimismo en estas palabras de Arciniegas la mención a una antigua e inútil controversia entre modernistas y ¿no-modernistas? América es un vasto continente y hay espacio para todos. El modernismo es una liberación por la palabra y Silva y Darío lo entendieron bien. Si Carrasquilla se oponía a Silva, si Luis C. López publica su primer libro diez años después de muerto Silva, la diferencia de éstos con Silva no es más que un enfrentamiento académico porque de todas estas corrientes se va a nutrir la literatura colombiana posterior, y en especial de la posición literaria de Silva. Estoy también en profundo desacuerdo con Arciniegas cuando proyecta toda la obra en verso y prosa de Silva "como documental para el 'Nocturno'". Esto suena tan desproporcionado como cuando se afirma lo mismo para Sor Juana y su 'Primero sueño'. Reducciones éstas al absurdo de la síntesis que no le hacen nada bien a la poesía, que la limitan en diversidad al tratar de expandirla en profundidad.

Precisa y bien aclaratoria es la introducción de Héctor H. Orjuela como coordinador de esta obra. Un breve pero detallado recuento histórico-biográfico de Silva sirve como ubicación necesaria para el lector que no esté tan familiarizado con vida y obra de Silva. Refiriéndose a esta edición nada mejor que las palabras del mismo Orjuela para darnos su proyección y alcance:

> Reunimos en esta edición, la más completa que se ha elaborado hasta la fecha, la totalidad de la obra en verso y prosa de Silva, incluso algunos textos que se le atribuyen, y la correspondecia en la que presentamos cartas desconocidas que rescató Ricardo Cano Gaviria y la que Silva dirigió a Miguel Antonio Caro desde Barranquilla después del naufragio del *Amérique*, la cual ha sido recobrada gracias a los buenos oficios de mi amigo José Manuel Rivas Sacconi. Aparecen aquí por primera vez en una antología del bogotano sus traducciones en prosa que habían sido omitidas en los repertorios anteriores y que constituyen un aspecto muy poco conocido de su producción. Intentamos en el presente tomo, hasta donde ellos es posible y teniendo en cuenta la forma como han llegado hasta nosotros los originales de Silva y las versiones canónicas de sus textos, una edición crítica genética a lo menos en lo que corresponde a la poesía con la colación de las principales antologías y de versiones selectas publicadas en muy diversas fuentes (xxxiii).

El proyecto de Orjuela se cumple a cabalidad quedando en nuestras manos el material íntegro de la obra de Silva para el estudio futuro y su precisa comprensión. Como lo hemos anotado antes, este es un trabajo minucioso que registra todas las fuentes que están disponibles para el establecimiento de un texto que hasta el momento podemos llamar definitivo, cumpliéndose así lo planeado por la Colección Archivos.

Da inicio a la tercera parte Bernardo Gicovate con su ensayo "El modernismo y José Asunción Silva". El profesor Gicovate, quien también por largos años ha trabajado los temas del modernismo y la obra de Silva, nos presenta una ubicación literaria y de época bastante justa de Silva. Parte Gicovate de la génesis del modernismo señalándonos que todo no es afrancesamiento en este movimiento, y que la presencia romántica de Bécquer así como la alta inteligencia de Poe determinan direcciones y búsquedas. Se opone también al abaratamiento que la crítica oportunista de lo social trata de hacer del modernismo al "aburguesarlo" para introducir por ese lado fácil una línea de análisis. Aguda interpretación de época la de Gicovate en la que hay hallazgos gratos como la abierta relación, íntimo diálogo podríamos decir, entre Shelley y Bécquer. Da inicio así a su análisis viendo con precisión una faceta en Silva frecuentemente visitada por la crítica aunque pocas veces con la profundidad necesaria, su "interés por lo ultraterreno": "(...) el ambiente y la decoración religiosos, tan comunes y tan superficiales en la época, tendrán en su poesía una función extraña de contraste: pero en él no será la artificialidad decadente la que dará el contraste, sino la realidad de su niñez recordada y opuesta a la aventura intelectual de su filosofía moderna. Quizá el sello de sincera originalidad que marca hasta lo más trillado de su decadentismo se deba a este profundo conflicto de nostalgia de una fe infantil en medio de su peregrinación de modernidades" (404). Interesante es señalar que el ensayo de Gicovate, sin afán polémico, desmorona el edificio de lugares comunes que la presencia de Silva suscitó en la crítica, especialmente en la colombiana: decadentismo, cursilería, elitismo, amaneramientos, burguesía, romanticismo, etc. Gicovate va más allá y con gran perspicacia señala las proyecciones de la obra de Silva y en general del modernismo al hablarnos de la "inclusión de inventos modernos, en deliberado prosaísmo (...), característica de los momentos iniciales del modernismo que preparan ya las novedosas metáforas de la vanguardia" (406).

El ensayo de Eduardo Camacho Guizado, "Silva ante el modernismo", es también otra muestra excelente de estudio y agudeza crítica. Camacho Guizado también ha dedicado una vida de amor y comprensión por la obra de Silva, búsqueda que no está cristalizada a pesar de sus profundos hallazgos sino que continúa ahondándose al paso de los años. Pareciera que Camacho Guizado parte de la ubicación de época que bien asentara Gicovate para enfatizar el aspecto innovador en Silva. Abriendo su estudio con una certera crítica al cómodo afán periodizador (en el que hemos caído muchos) que incluiría a Silva en un supuesto premodernismo, Camacho Guizado desbarata la idea que da preeminencia a la obra de Darío como eje central que acciona el reloj del modernismo. Basado en las aseveraciones del mismo Darío quien coloca a Silva entre los iniciadores en lengua castellana de la innovación métrica, Camacho Guizado analiza algunos aspectos que a su juicio le impidieron a Silva tener un papel más determinante en la elaboración programática del modernismo: "Creemos que el único factor común entre Silva y el Modernismo es precisamente ése, el intento innovador con respecto a la retórica tradicionalista, pero que ese intento en uno y otro caso es muy diferente, al faltarle al poeta colombiano (y esta falta es tal vez un demérito) la conciencia del papel innovador histórico, la intención reformista per se, la voluntad programática (que sí tienen, sin lugar a dudas, Martí y Gutiérrez Nájera), el propósito de ir configurando conscientemente una retórica (...) (414).

Por otra parte Camacho Guizado concuerda con los planteamientos de la más reciente crítica que ve en el modernismo un movimiento *hacia* la modernidad. Basado en esta premisa coloca a Silva en una posición de avanzada con respecto a esa nueva visión de la realidad literaria y crítica: "(...) en primer lugar, la ruptura con la tradición métrica, y la introducción de la versificación acentual, mucho más decisivas que en el caso de cualquier modernista de su época, y que abre el camino para conquistas posteriores. Además, la ruptura de las convenciones realistas que imperan en la poesía en lengua española (...)(418).

Afirmo que esta es la visión integral de Silva que nos permite vislumbrar el profundo alcance de su obra. En el trabajo de Héctor H. Orjuela, "José Asunción Silva: Conflicto y transgresión de un intelectual modernista", se presentan con precisión todos los aspectos circunstanciales que rodearon la vida de Silva, tan propios de la época, tan particulares en este poeta que logró recortar su figura con nitidez dentro del paisaje gris de la vida social colombiana de fin de siglo.

Completan esta Tercera Parte dos trabajos fundamentales. El primero, "El periplo europeo de Silva", de Ricardo Cano Gaviria, escritor y crítico colombiano de gran talento, es una reconstrucción histórico-literaria de la permanencia de Silva en Europa, especialmente en París. Con innegable acierto crítico Cano Gaviria se basa en algunos aspectos autobiográficos que se entremezclan en las páginas de *De sobremesa*, la novela de Silva, para enhebrar con proustiana precisión esta época fundamental en Silva. Valga decir aquí, y entre paréntesis, que Orjuela en su introducción nos dice que Cano Gaviria prepara una biografía sobre el poeta, así que este trabajo de excelente calidad presagia una obra sorprendente y determinante.

La maestría con que Cano Gaviria maneja los hilos biográficos recuerdan los aciertos de otra invalorable biografía como fue la de Fernando Vallejo sobre Porfirio Barba Jacob titulada *El mensajero*.

El trabajo final es el de Gustavo Mejía, "José Asunción Silva: Sus textos, su crítica". A Mejía ya lo conocíamos por su excelente trabajo en la recopilación de la obra de Silva, junto a Camacho Guizado, que publicó la Biblioteca Ayacucho. Mejía aquí nos aporta una visión de afuera hacia adentro en la obra de Silva. Explora en detalle los aspectos tan ilustrativos de la recepción de la obra de Silva por parte del público en general y los críticos. Trabajo espléndido que permite ver la formación de malentendidos con respecto a Silva y la deformación que todo esto acarreó para la apreciación de su obra. Visión de la crítica desde la crítica: Mejía pone los puntos en las jotas y los acentos en las íes, orientando su análisis hacia una valoración de la obra de Silva basada en la obra misma y no en su "interés" biográfico documental, que hasta los trabajos de la nueva crítica, como vemos en Cano Gaviria, son todos deformantes. Este ensayo de Gustavo Mejía tiene entonces la doble virtud de hacernos un recuento de la mirada crítica sobre Silva a la vez que nos permite ver los planteamientos que el mismo Mejía tiene sobre la vigencia de Silva en la literatura contemporánea, coincidiendo con Camacho Guizado en el poder innovador de Silva.

Esta tercera sección se cierra con una valiosa cronología preparada por Héctor H. Orjuela.

La Cuarta Parte se inicia con un ensayo no muy denso y temático, principalmente, de Juan Gustavo Cobo Borda, el poeta colombiano, titulado "El primer José Asunción Silva: Intimidades, 1880-1884". Aquí se analizan las presencias referenciales en Silva, su ubicación en el romanticismo y los matices que logran hacer vislumbrar al poeta futuro. Desafortunadamente este ensayo es algo confuso ya que se limita a afirmarnos casi lo obvio: el romanticismo en Silva. Es de todos conocido el hecho de que Silva es un poeta de alma romántica con pie modernista. Sin embargo esta ubicación literaria, si no descubre nuevas facetas de análisis, se torna lugar común dado que el espíritu romántico se alarga como una sombra en poetas de varios períodos llegando hasta nuestro siglo e incluso superándolo, ya casi podríamos decir. Lo que deja entrever Cobo Borda, y lastimosamente no elabora, es que hay otro Silva, aquel afincado en el crepúsculo de un siglo que ve en las luces del nuevo siglo un espacio y un tiempo donde la palabra luchará por afirmarse en la página en blanco, abrir, independiente, su propio ser y estar creativo. De la palabra al verso al poema: camino de inversión romántica que hermana a Silva y Darío.

Si el trabajo de Cobo Borda es la aproximación de un poeta a otro, intento de diálogo y comunión, el de Eduardo Camacho Guizado, "Poética y poesía de José Asunción Silva", es la lucidez del crítico que, como ya lo habíamos notado antes, a una vida de paciencia en el ver poético suma una gran inteligencia y un conocimiento de los mecanismos internos y externos de la poesía. Desenredando los hilos de la poética de Silva Camacho Guizado nos conduce por un laberinto estructural donde lo clásico va a lo no-clásico casi sin sucesión temporal, donde el romanticismo salta al simbolismo y retrocede, y donde desde el modernismo se abren las vías de la poesía moderna. Todo este proyecto, nada menos, conllevan los contados versos que Silva nos legó. Así lo prueban las lúcidas y elocuentes palabras de Camacho Guizado.

Pero Camacho Guizado va más allá al describirnos pormenorizadamente los elementos que componen el objeto mágico que es la poesía de Silva: "El tiempo pasado y el efecto positivo que éste tiene sobre todas las cosas, la especial calidad poética que deposita sobre la realidad" (539) "un conflicto de espacios" (556) que divide en *realidad desmaterializada, realidad dignificada y espacio sobrerreal*. Quedan así comprendidos esos aspectos de nocturnidad, orfebrería y misterio que se nos avientan desde las páginas de Silva.

Camacho Guizado desconoce la importancia poética de la poesía satírica, escéptica e irónica del Silva en "Gotas amargas". Sus argumentos al respecto son contundentes si comparamos, como él bien lo hace, esta etapa con el resto de la obra poética de Silva. Sin embargo, y visto con la perspectiva que nos brinda el paso del tiempo, este anti-poetismo en Silva es buen antecedente de esa ruptura del "vaso santo" del verso y el poema al estrellarse con la realidad del nuevo siglo. El nihilismo de Rimbaud, la negación de Cendrars, etc., conllevan al "a partir de cero" de Dada y la atropellada carrera al inconsciente del surrealismo. Podría arguirse que esto es extrapolar al extremo la obra de Silva, pero no de otra manera podemos entender esa ansia de prosaísmo en un ser lúcido y hecho en poesía como era Silva.

Cierra su excelente ensayo Camacho Guizado con un análisis del "Nocturno" de Silva del cual sólo queremos citar una frase que resume su intención y sus logros: "El "Nocturno", pues, es el primer poema en lengua española que transgrede la sagrada norma clásica del metro. Silva no es un precursor de Rubén Darío: éste es un imitador del colombiano, lo cual es bastante diferente" (563).

"Poética y estilo de José Asunción Silva" del recientemente desaparecido crítico argentino Alfredo A. Roggiano es un excelente complemento al trabajo de Camacho Guizado con quien coincide en algunas de sus apreciaciones, especialmente en lo referente a las etapas clásicas, románticas y simbolistas que Silva resuelve en su avanzado modernismo; y en la vigencia de la obra de Silva no sólo con respecto a sus contemporáneos (Darío, entre otros) sino a sus herederos espirituales y materiales.

Conocida ya era la posición crítica de Roggiano que señala en Silva su "obsesión de lo imposible" y a ella vuelve en este trabajo con afán cristalizador aunque una nueva aproximación la matiza. Contempla Roggiano el hecho vital como elemento estético en Silva: "Silva es un hijo del siglo XIX, pero en su obra se transfiere a un sector privilegiado por la poesía y el arte del siglo XX; la posesión subjetiva del mundo como acto de vida individual y la desposesión de ese mismo mundo (o pérdida de él) como forma de vida externa y objetiva" (574).

El estudio crítico de Mark I. Smith-Soto, "José Asunción Silva: Temática y contexto literario", nos indica en primera instancia y con gran exactitud la relación que estableció Silva con los poetas colombianos que lo precedieron, José Eusebio Caro, Rafael Pombo, Jorge Isaacs, entre otros. Ilustra así la utilización que hizo Silva del eneasílabo, que como bien lo había señalado ya Baldomero Sanín Cano era una medida poco usada en su tiempo, y que sin embargo vemos a través de la investigación de Smith-Soto que era un metro usado por los poetas colombianos citados, y que además Miguel A. Caro había publicado un estudio titulado *Del verso eneasílabo*.

Victor Hugo más que Baudelaire, Sully de Prudhomme más que Verlaine, son las relaciones de Silva con la literatura francesa que Smith-Soto revisa a continuación. Sin embargo es bien ilustrativo el parangón que establece con el poeta Jean Richepin, basándose para ésto en las indicaciones de Sanín Cano en sus trabajos sobre Silva. Paralelismos temáticos, direcciones estéticas coincidentes, comunión en la perversidad estética de lo marginal, gozo de la forma, son algunas de las coordenadas que Smith-Soto encuentra confluyendo entre Silva y Richepin. No obstante Smith-Soto es claro al notar cómo Silva transforma estos elementos de Richepin: "El poeta colombiano (...) supo, con genial alquimia, transmutar en oro los elementos que extrajo de sus lecturas del poetastro francés" (591).

En "Mímesis y "pacto biográfico" en algunas prosas de Silva y en *De sobremesa*", Ricardo Cano Gaviria sale a la búsqueda de José A. Silva en páginas iluminadoras sobre el entrelazamiento de vida y obra en Silva, ese "pacto biográfico", como él lo define siguiendo los planteamientos del crítico francés Philippe Lejeune. Fiel al texto de la novela *De sobremesa* y persiguiendo una sutil y apasionante línea biográfico-literaria es como Gaviria nos introduce a un espacio crítico donde las claves de la novela y la vida del poeta se resuelven en un intrincado juego de máscaras y transparencias, para decirlo con esas palabras aliadas de Lezama Lima.

El aparato de estudio de Cano Gaviria es rico en posibilidades de acción. En él se combinan el esfuerzo y la paciencia del investigador minucioso, la agudeza del crítico y la astucia creativa del narrador. Un aspecto interesante de este ensayo es que representa tal vez, a nuestro juicio, el empeño mejor encaminado para lograr ver esa unidad esencial que Silva quiso darle a su obra y a su vida. La calidad integral de un hombre fundado en poesía: "*De sobremesa* reproduce la misma tensión de su obra poética entre una inspiración de corte posromántico o simbolista y otra alimentada por el sarcasmo y la ironía" (621). Hay aquí una clave que abre el diálogo creador con la posición antes señalada de Camacho Guizado.

El ensayo que cierra esta sección, "José Fernández Andrade: un artista colombiano finisecular frente a la sociedad burguesa", es del crítico y filósofo colombiano Rafael Gutiérrez Girardot, y es un buen complemento al trabajo de Cano Gaviria ya que se centra en el mundo burgués, ya sea positivista o conservador, que Silva vivió y combatió con vida y obra. Difiere Gutiérrez Girardot de Cano Gaviria en que aquél no ve muy clara la relación autor-narrador matizada por lo autobiográfico. Es evidente que Gutiérrez Girardot no tuvo acceso al trabajo de Cano Gaviria al escribir su artículo, de lo contrario es posible que hubiese repensado algunas de sus ideas o por lo menos hubiese establecido el necesario diálogo-debate, por decir lo menos, tan propio de este crítico colombiano.

Gutiérrez Girardot combina su erudición literaria con ese tono asertivo profesoral que lo caracteriza donde las ideas salen como buscando una confrontación con el lector. Polémico siempre, no por eso deja la reflexión que le permite ver los alcances al más allá de la poesía: "El silencio con el que termina la novela de Silva anuncia el silencio de la poesía moderna o, si se quiere, lo presiente", nos dice con aplastadora lucidez.

Gutiérrez Girardot ayuda a colocar en el puesto que merece la obra *De sobremesa*, la novela maravillosa e inquietante de Silva, dentro del contexto de la narrativa latinoamericana. Sin embargo no estamos muy de acuerdo cuando señala a *De sobremesa* como una obra sin la cual sería imposible concebir la escritura de *Cien años de soledad*. No es éste el sitio para explorar estas ideas pero a nuestro juicio otros son los antecedentes de la obra de García Márquez. La literatura colombiana, en prosa, no entró por la brecha que abrió Silva con su novela, por lo menos hasta el momento. Tal vez la obra narrativa reciente de Alvaro Mutis sea la que está más cercana a Silva en intenciones y afinidades.

Un valioso y magnífico *Dossier* preparado por Héctor H. Orjuela y Ricardo Cano Gaviria complementan esta obra capital. Como ya lo señalaba Orjuela en sus palabras de introducción se incluyen aquí traducciones, correspondencia y documentos que sirven para revisar con mayor profundidad la obra de Silva. Entre la correspondencia se destaca una carta que Silva dirigió al pintor francés Gustave Moreau y que Cano Gaviria descubrió en los archivos del museo dedicado en París al pintor. También son muy valiosas las fotografías de Cano Gaviria de la casa donde vivió Silva en París, del museo Gustave Moreau y de los mausoleos del tío de Silva don Antonio María Silva y Fortoul y de María Bashkirtseff, la joven musa donde confluyeron para Silva deseo, pasión, sueño, muerte y vida, en fin, poesía.

University of Cincinnati   ARMANDO ROMERO

JORGE ICAZA. *El chulla Romero y Flores*. Edición crítica. Ricardo Descalzi, Renaud Richard, coordinadores. París/Madrid: Colección Archivos Nº 8, 1988.

Que la Colección Archivos haya decidido romper con esa convención historiográfica que no se cansa de inventariar al ecuatoriano Jorge Icaza como autor de *Huasipungo* (1934), y que en vez entregue al público su menos divulgada novela *El chulla Romero y Flores* (1958), ya es de por sí meritorio y más que justifica esta edición. El porqué se juzga a *El chulla Romero y Flores* como la obra más lograda de Icaza no corresponde ni afirmarlo ni cuestionarlo aquí. Para eso, si acaso, habría que tener en cuenta horizontes de expectativas culturales, evolución crítica de los lectores, preferencias temáticas, vigencias de referentes, y otros factores más.

Dado el objetivo de la Colección, hay tres apartados que cabe recordar: 1) el aparato crítico; 2) el texto; y, 3) los varios análisis que se hacen del texto.

Al respecto, Renaud Richard (xxi) informa que las varias "ediciones" (¿no sería más apropiado hablar de reimpresiones?) de la novela publicadas en vida de Icaza son "prácticamente idénticas," en tanto (contrario a lo que sabemos, i.e., de *Huasipungo*) no hay variantes textuales substantivas, sino más bien de carácter accidental. El aparato crítico queda así reducido a notas a pie de página cuyo propósito es aclarar para un lector no ecuatoriano ciertos detalles del vocabulario empleados por Icaza.

La discrepancia que un hispanoamericano pudiera expresar frente a la manera en que se establece aquí ese vocabulario provendría de las diferentes perspectivas desde las que se lo explica. Así, es sugestivo observar la tendencia a justificar algún uso, empleando como punto de referencia exclusivo el lenguaje y el lector de España: "se oye también en España," "se encuentra en ... Lope de Vega, empieza a usarse cada vez más en español peninsular," "taco corriente en el Ecuador, donde no se le considera tan grosero como en España," (3, 4, 5). En otro caso, leemos "Méjico" (20). ¿Qué dirá el lector mexicano? Ejemplos de esta índole podrían proliferarse. Aquí sólo planteamos preguntas en cuanto a presuntos lectores, y en cuanto al criterio de "autoridad" que está operando en esta edición respecto al uso del idioma.

Lo anterior no es decir que la mayoría de las notas no resulten instructivas. Al contrario. Opinamos, sin embargo, que en una edición crítica se deberían precisar detalles como, por ejemplo, que el uso de "le" en vez de "la" (y también "lo") no es una "incorrección" frecuente sólo en Icaza (11). El "leísmo" forma parte de la expresión oral de la Sierra ecuatoriana y de otras latitudes. De igual manera, mientras el apodo "Palanqueta", derivado de la forma de un pan que se consume en el Ecuador, es motivo de minuciosas explicaciones (99), se descuidan voces como, i.e., "cojudo," y "Rumiñahui." Esta última merecía explicación, especialmente en vista de su particular importancia iconográfica e histórica en el Ecuador (132-33).

Las observaciones anteriores no empañan el hecho de que la Colección Archivos ha publicado una fidedigna y bella edición de *El chulla Romero y Flores*. Se trata de un volumen cuya sugestiva cubierta ha sido realizada e ilustrada, para este proyecto, por Guayasamín. Asimismo, el cuidado con que se ha elaborado el texto, la fe de erratas inclusive, sugieren rigor. Uno tiene en manos un libro producido con miras a perdurar y a ofrecerle al lector interpretaciones críticas de la novela que cuentan con el respaldo de la Academia. Además de los aportes de Ricardo Descalzi (Ecuador) y Richard (Francia), figuran las interpretaciones de Gustavo Alfredo Jácome (Ecuador), Antonio Lorente Medina (España) y Theodore Alan Sackett (EE. UU).

Richard sintetiza las diferentes lecturas críticas que incluye el volumen (xx). Detrás de todas ellas figuran la historia literaria ilustrada ecuatoriana y las declaraciones del mismo Icaza en cuanto a su novela. Hace bien en llamar la atención Richard al hecho de que Adalberto Ortiz en *Juyungo* (1942) había planteado la problemática racial y de valores de belleza que confrontan a la identidad ecuatoriana e hispanoamericana. La referencia a Ortiz es importante, además, porque se subraya así que el carácter conflictivo del asunto raza no se limita al ámbito del cholo a la oposición entre lo indio y lo español, como parece sugerir Icaza en una entrevista citada, sino que incluye el del mulato, y por contigüidad, dice bien Richard, al de cualquier sociedad "donde un grupo socioétnico ejerce una dominación tradicional sobre otro —u otros" (xx).

Más aún, una recuperación literaria del topos sobre el prestigio racial y sus consecuentes ramificaciones respecto a sujeto, hábitos, usos, valores y ejercicios de poder, tiene que tener en cuenta en el Ecuador obras como, por ejemplo, *Los monos enloquecidos* (1931,1951) de José de la Cuadra. Esta novela inconclusa se adelantó al exponer e interpretar, con no poco de ironía, las manías de los grupos hegemónicos guayaquileños que niegan y desdeñan su cualidad mestiza (mulata), apuntando así a una fundamental escisión y crisis de identidad.

Esa crisis de identidad es la que pone de relieve Icaza en las declaraciones arriba aludidas: "El chulla es ese personaje que trata de ser alguien despreciando lo que es, y por eso da con lo grotesco y da con la tragedia" (xx). La crítica icaciana casi ha pasado por alto el carácter grotesco del protagonista individual y colectivo de *El chulla Romero y Flores*. Tampoco se ha fijado lo suficiente en los atributos tragicómicos del personaje central. ¿Cabe hablar de tragedia en cuanto al chulla? Estimo que no. El lector, avisado de la teatralidad y autoengaño del protagonista, no puede menos de notar lo patético y ridículo de éste.

Ahora bien, lo que aúna las diversas lecturas críticas que incluye la presente edición es la preocupación que se plantea en Icaza y en *El chulla Romero y Flores* en torno a la cuestión de la identidad racial. Cómo esa problemática se explaya en las páginas de los varios ensayistas es instructivo.

Descalzi, en su "Jorge Icaza en el ambiente y argumento de *El chulla Romero y Flores*," identifica autor y héroe. Al precisar analogías entre el chulla y su autor, Descalzi transfigura la novela en una suerte de autorretrato y, quizás sin proponérselo, desmantela, quiéralo o no, la capacidad creativa de Icaza; es decir, mayormente restringe la novela a sus aspectos autobiográficos. Descalzi parece anclado en un arte cuyo valor para él radica en una incuestionable verosimilitud en tanto ésta remite a referentes concretos, vividos. Olvida Descalzi que quizás el gran valor artístico de esta novela de Icaza —¿y por qué no también de toda su obra?— se apoye sobre la elaboración de un mundo esperpéntico que remite por línea directa a toda una rancia tradición grotesca, y cuyo exponente anterior más inmediato es sin duda Valle-Inclán. La aludida presencia de Valle-Inclán no es arbitraria. Un lector avisado de Icaza reconocerá que su obra no sólo deriva de evidentes anhelos de denuncia y protesta, ante un referente inmediato en sí incongruente y deformado, sino que proviene asimismo de una tradición literaria en que los recursos metafóricos de la vanguardia artística estaban en el ambiente. Por eso el ensayo "La novelística de Jorge Icaza en el relato ecuatoriano," también de Descalzi, resulta limitado en términos del horizonte literario que propone. La situación literaria ecuatoriana de los años veinte y principios de los treinta fue más compleja y polémica de lo que se cree.

En orden de presentación aparecen sendos ensayos de Richard: "Evolución de la temática mestiza o chola en la narrativa anterior a *El chulla Romero y Flores*" y "Hacia *El chulla Romero y Flores*: experiencia de la muerte en las primeras novelas de la conversión chola: *En las calles* (1935), *Cholos* (1937) y *Media vida deslumbrados* (1942)". Títulos largos pero comprensivos, que fijan bien lo que pretenden. La opinión que se discierne en ambos es que en la narrativa de Icaza se da la presencia constante de una suerte de mancha étnica (los orígenes indígenas) que acosa sin tregua a los personajes, produciendo en ellos la vergüenza, los disfraces, la incongruencia, la teatralidad, lo inestable, el contrabando, el pánico, el desprecio de lo propio, la imitación, y hasta el suicidio. El segundo ensayo es más problemático. La lectura que propone Richard, mediatizada, claro, por Icaza, es que todo en la sociedad expuesta se reduce, por un lado, a la cuestión de etnia y, por el otro, que la única manera de resolver el carácter conflictivo de la cuestión es por medio de una determinación que supere el problema deslindando las implicaciones metonímicas de lo ajeno y lo propio en favor de éste (199). Al respecto, ¿cabe sólo hablar de ricos y pobres como sugiere Richard, o es acaso lícito preguntar, independiente de bagajes económicos, en qué consiste lo propio y lo ajeno o, mejor, cómo se ha de definir lo autóctono de la realidad ecuatoriana? Siempre he tenido problemas con ese vocablo.

Pensar con Richard que Icaza en algún momento formula la problemática ecuatoriana en términos de prejuicios socioétnicos (206), y pensar que sus personajes cholos e indios viven acosados por un patológico sentido de humillación y vergüenza invita a inquirir sobre las posibles salidas reales, que no intelectuales o metafóricas, de consumo liberal, que frente al asunto propone Icaza. La pregunta es si en efecto, como suscribe Richard, los "protagonistas cholos" de Icaza "al final logran superar sus complejos e integrar armónicamente las partes encontradas de su personalidad" verosímilmente (210), o si se trata más bien de una proyección cultural futura, utópica, que no acaba por convencer literariamente. Ese es el meollo de la discusión más significativa que se rastrea en los varios acercamientos críticos.

El artículo de Jácome, "Presupuestos y destinos de una novela mestiza," recalca precisamente que no se puede reducir la problemática cultural ecuatoriana al complejo raza. Jácome le reclama a Icaza que el chulla tradicional y vigente, personaje quiteño por excelencia, no tiene mucho que ver con Romero y Flores. También subraya que el personaje de Icaza no pasa de ser un "tipo especial de mestizo" que no es "el mestizo contemporáneo" para quien pesan más los problemas económicos que "lavar su sangre de menorvalías indias" (215). Jácome no matiza bien, sin embargo, que la creación de Icaza remite a un personaje que repercute más allá de las fronteras ecuatorianas, en tanto apunta a la soledad del mestizo americano y a la aún vigente problemática de búsqueda de identidad que no acaba de resolverse en el continente.

Jácome, por otro lado, objeta contra los denigrantes atributos que caracterizan las circunstancias y vivencias del indio en la obra de Icaza. Más aún, sugiere que acaso en lo profundo Icaza tenga siempre presente una norma hegemónica de cualidades de vida que presuponen al menos una actitud ambivalente ante lo indio. En suma, el ensayo de Jácome es controversial en tanto polemiza directa o indirectamente con pautas críticas como la de Richard, y en tanto acaba por enfatizar que al final de la novela, "la sombra del aindiamiento persigue a Luis Romero y Flores y hace de él un menorválido social" (231). Insiste Jácome así que no se da en Romero y Flores la tan parangoneada reconciliación de etnias que parecía haber sido la intención de Icaza.

El debate antes expuesto nos parece lo más provocativo y salubre de los acercamientos críticos. Mas eso no resta que el lector no derive beneficio positivo de las tres restantes lecturas del texto: "Génesis de una rebeldía arraigante" (Richard), "Lectura intratextual de *El chulla Romero y Flores*" (Lorente Medina), y "Texturas, formas y lenguajes" (Sackett).

Richard, además de recuperar los avatares semánticos del vocablo "chulla", habla de las dualidades esterilizantes que caracterizan a Romero y Flores y que éste consigue superar sólo gracias a la experiencia de la solidaridad y de la muerte, abriéndose así camino hacia lo auténtico, sinónimo aquí de reconocimiento de la filiación indígena del personaje. Cuestionar ese juicio sería incurrir en repeticiones. Al respecto, el problema con la presentación de varios ensayos en torno a una misma obra es que a la larga, sin intentarlo, empiezan a repetirse. Este es sin duda un problema inevitable.

Cabe substanciar aquí, por lo tanto, esos aspectos del resto de los ensayos que aportan a *El chulla Romero y Flores* una perspectiva de lectura diferente. Lorente Medina se sirve del concepto de "mitema" (276) para formular su acercamiento a la novela en términos de estructuras míticas. Las mismas cumplen con ilustrar el paso del héroe de lo inauténtico a lo auténtico. Así, diferentes momentos de la vida de Romero y Flores se van agrupando bajo mitemas que llevan nombres como 'el despertador', 'el viaje', 'el cruce del umbral', 'experiencia de la muerte', 'la muerte y el renacer', etc. Lectura rigurosa que, no obstante, bien podría caer en el terreno de lo previsible. Caso aparte, Lorente Medina concluye certeramente que, en la novela en cuestión "Icaza indaga con mayor profundidad que en ninguna otra obra suya la psicología individual colectiva del cholo ecuatoriano como un tipo básico de los que conforman el 'ser americano'" (295).

El aporte de Sackett también es encomiable en tanto constituye una lectura minuciosa del texto, pero, asimismo, no deja de resultar algo mecánico en partes. Pienso aquí, por ejemplo en la página 304 en la que se recoge una lista de metáforas ante la cual el lector no puede menos que preguntarse qué hay detrás de las mismas, cómo funcionan, cómo revelan al narrador y qué dicen sobre la manera en que éste juzga al personaje. En suma, el lector ansía informarse en cuanto a por qué se dicen las cosas como se dicen, aprender más acerca de cómo el lenguaje, por ejemplo, propone relaciones de poder, de clases sociales, o, quizás, sugiere incluso algún alusivo racismo. Y no es que las posibilidades de un análisis de esa índole no estén en embrión en el texto de Sackett, sino que en ocasiones parecen exigir más desarrollo. Acertada y provocativa, por otro lado, resulta la lectura simbólica de la novela que entrega Sackett, i. e. su observación de la vida chola como comedia, como farsa. Provocativa porque invita a inquirir cómo esa farsa se da en el lenguaje y por qué invita a pensar acerca de si esa farsa es superada o no por el personaje. Nos preguntamos, al mismo tiempo, ¿por qué farsa? ¿Frente a qué valores se está juzgando el mundo representado? ¿Cuál es la norma auténtica?

Muchas son las preguntas que *El chulla Romero y Flores* sugiere. Me atrevo a pensar que, en la posteridad la medida en que se juzgue la obra de Icaza se apoyará en el hecho de que su obra constituye una angustiosa interpretación testimonial de la búsqueda de identidad cultural latinoamericana en favor del mestizaje. Me atrevo a sugerir también que esa crítica futura prestará mayor atención a la afición por lo grotesco y lo tragicómico que caracteriza a la obra icaciana. La edición que comentamos es un fuerte empuje hacia el reconocimiento de la labor creativa de un escritor que, para bien o para mal, ha sido encasillado, sin reparos, como autor de denuncia y protesta social. En alguna ocasión dijo Icaza que ante esto último no cedía. Y dijo asimismo que las futuras generaciones se encargarían de juzgar el valor artístico de sus obras.

Northwestern University   HUMBERTO E. ROBLES

TERESA DE LA PARRA. *Las memorias de Mamá Blanca*. Edición crítica. Velia Bosch, coordinadora. París/Madrid: Colección Archivos Nº 9, 1988.

TERESA DE LA PARRA: RELECTURAS DE *LAS MEMORIAS DE MAMÁ BLANCA*

Tanto Velia Bosch, coordinadora, editora y colaboradora principal de este volumen como la Colección Archivos que lo ha publicado, pueden enorgullecerse de los resultados: un libro de linda presentación en papel muy fino (como todos los que aparecen en esta selecta compañía), digno de la refinada autora Ana Teresa de la Parra Sanojo, conocida en el mundo literario sencillamente como Teresa de la Parra. Desde la carátula, donde nos observa de reojo un campesino de fuerte colorido, ilustración impresionante hecha por el pintor venezolano, Gabriel Bracho —¿representará a Vicente Cochocho personaje clave de la novela?— hasta el final de las 262 páginas del volumen, el lector gozará con su contenido y agradecerá esta admirable aportación a los estudios sobre la autora y esta edición definitiva cuidadosamente hecha de *Las memorias de Mamá Blanca*.

En este caso podemos asegurar, además, que Velia Bosch y la Colección Archivos han logrado cumplir muy bien con los objetivos de la colección: tratar obras del siglo con un rigor lingüístico para establecer un texto filológico (*Las memorias* son de 1929); constituir un *dossier* exhaustivo sobre el escritor examinado; someter la obra a una serie de análisis contextuales de la crítica regional, nacional e internacional; y finalmente, contribuir al conocimiento y a la difusión de esta creación literaria para fomentar los intercambios culturales entre Norte y Sur.

Amén de la pintura en colores de Bracho en la cubierta del libro, adentro está reproducida una fotografía (o retrato) en blanco y negro de la bella mujer que era Parra con su autógrafo firmado sencillamente "Teresa". En este retrato nos observa con su linda cara y con cierta expresión de tristeza o quizá de perplejidad tiene tres dedos de una mano sobre la cabeza, como en pose, como diciéndonos con su inteligencia aguda e irónica que no la defraude ni a ella ni a su obra, llena de los sutiles matices de la naturaleza humana, en las páginas que siguen. Velia Bosch y los demás colaboradores del volumen en verdad con sus ensayos de apreciación y de crítica, concientes del valor indudable y el carácter sumamente gracioso de *Las memorias de Mamá Blanca*, no nos defraudan casi nunca.

La parte introductoria del libro consta de tres ensayos prologales. El primero, "Liminar", está escrito por el notable crítico venezolano Juan Liscano, muy conocido por sus ensayos sobre Borges, además de su dedicación a Rómulo Gallegos y otros autores de su país. Liscano conoció a la hermosa y elegante Teresa desde su niñez, porque era amiga de su madre, y nos confiesa que despertó la líbido desde chico. La evoca en unas páginas trémulas de emoción que captan bien a la novelista y sus memorias:

> La imagen de Teresa es la de una mujer moderna de los años 20. Fuma con boquilla, viste pijamas, es elegante. Pero en el fondo de ella persiste un apego a la infancia al descubrimiento de la naturaleza, de los fundos con casona y servidumbre casi familiar, de un sentido tradicional de la vida ... (xxi)

La mayor parte de su nota preliminar nos relata como era ella y la gran amistad que él llevaba con ella, a pesar de la diferencia de edades (él es del 1915, ella de 1889). Pero Liscano le dedica a su obra también algunas líneas de fina crítica, como podemos atestiguar en este párrafo final:

> Gallegos cuando escribe canta, clama, impreca, saluda, exalta ... Teresa cuenta en un diario íntimo en un lenguaje íntimo, como una escritura blanca y transparente, la vida sentimental, anímica, sensible de las criollas, a principios de siglo, sin intención sociológica, política o psicológica. Su admirable dominio estilístico reposa sobre la sencillez la eficacia del contar, la fidelidad al habla y a los sentimientos ... Nunca el árbol ciega la visión del bosque. Y el bosque es, simplemente, la vida, el vivir, el estar viviendo. (xxii)

Las dos restantes partes de la introducción al libro están escritas por Velia Bosch. En la primera, la editora establece claramente los propósitos del volumen y nos traza en unas líneas unos pocos datos biográficos de Teresa y unos apuntes sobre sus dos novelas, en especial, *Las memorias*. Explica algo modestamente que en su estudio ha adaptado "el esquema pautado para esta edición a las características que presenta la obra examinada y en ningún caso nos propusimos agotar un modelo definitivo de crítica. Es hoy, a casi sesenta años de la primera edición de *Las memorias*, cuando lectura y relectura se imponen métodos más exigentes." (xxix) Para cerrar esta parte introductoria, nos cuenta Bosch en su "Nota filológica preliminar" los métodos que ha utilizado para establecer el texto de *Las memorias*. Aquí es de gran interés destacar que la primera edición de este precioso libro salió a luz en una traducción francesa, a instancias de su amigo Francis de Miomandre en 1929, como Teresa vivía en París durante esos años de la escritura y publicación de su novela. Después, en el año siguiente, 1930, se publicó la segunda edición, ahora en español, pero también en Francia. Así, la editora explica cómo ha trabajado con estas dos "primeras" ediciones, la francesa y la española, para comentar los cambios más frecuentes en cuanto a léxico, y las dificultades de sintaxis y morfología.

La parte principal del volumen que sigue a continuación es el texto mismo de *Las memorias de Mamá Blanca* (1-126), más dos páginas de notas explicativas, y también muchas notas sobre variantes en la puntuación y en el vocabulario usado en los manuscritos al pie de las páginas de este texto. Velia Bosch ha hecho este trabajo muy minucioso con rigor y claridad ejemplares para establecer lo que será de aquí en adelante el texto definitivo de *Las memorias*.

La tercera división del volumen lleva por título "Historia del texto" y está encabezada por una de las contribuciones más interesantes y valiosas del libro, llamado "Las memorias de Mamá Blanca en la historia personal de la autora en su momento histórico político." En este ensayo, también contribuido por Bosch, seguimos los vaivenes de la gestación y la publicación del libro en francés, y en español. También incluye la editora fragmentos de cartas sobre el asunto que añaden a saber más sobre su arte de narrar, como la siguiente fechada más tarde en 1933 desde Suiza donde pasó Teresa varios años internada en un sanatorio para tísicos. Esta carta va dirigida a su amiga Lydia Cabrera, la escritora cubana, y nos parece muy significativa por lo que dice sobre el estilo:

> ... veo que es fácil escribir así en forma de notas. Se evitan las dificultades del estilo. Las dificultades del estilo están en el encadenamiento de las frases. Roto el encadenamiento se acaba con todos los problemas. Pero cuánto más agradable no es el estilo, sino aire o agua o brisa en que uno no se da cuenta de que hay estilo ni literatura ni nada! Como cuando habla la gente del campo. En cambio, qué cansados resultan a la larga los "trucos". (137)

De esta cita observamos como Parra favorece lo que hoy llamamos la oralidad, y lo consigue de una manera excepcional en *Las memorias*, aunque también sabe utilizar con gran provecho los llamados trucos literarios que aparentemente desdeña emplear. En todo lo que atañe al estilo, Parra es una maestra, como tantos críticos ya han señalado. Bosch dedica una parte de este ensayo a la fama del libro, cómo *Las memorias* y su autora cayeron injustamente en el olvido por un tiempo y después cómo fueron rescatados y reivindicados por la crítica y los lectores. Aquí cita entre otros al distinguido historiador y ensayista literario Mariano Picón Salas, que en nuestro parecer, se halla entre los más justos al apreciar el valor y el encanto de su obra en el prólogo escrito por él a las *Cartas de Teresa* publicadas en 1951. También Bosch cita a la poetisa chilena Gabriela Mistral, que nos ha dejado un homenaje lindo de la venezolana. Bosch cierra su estudio dedicando algunas páginas a la poetización del lenguaje coloquial en *Las memorias*, y a manera de coda, nos relata los últimos años de la novelista, entristecidos por su enfermedad pero enriquecidos por la íntima amistad de Teresa y Lydia Cabrera que se une ahora a la amistad con Mistral. En 1936, fresco aún el dolor por la noticia de la muerte de la venezolana, escribe Gabriela lo siguiente en una carta a Lydia:

> Yo no sabía aunque creyese saberlo, cuánto y cuánto quería a Teresa, hasta dónde ella era criatura entrañable mía, un poco mi orgullo, otro mi delicia, otro mi ternura. Había llegado a ser tan perfecta que la memoria de ella que me ha dejado es algo cristalino si no fuese a la vez vital, es algo como la presencia de un ángel, constante tibia y ligera. Dios mío, más la quiero que a personas con quienes viví años y no hay nada tan idiota como en años suyos y míos en Europa no viviésemos juntas para habernos dado este cariño natural y sobrenatural. (150)

A continuación, la investigadora francesa, Paulette Patout, nos regala con un estudio enjundioso a la vez que liviano de sangre sobre los años que pasó Teresa en París, en especial. La década de los 20. Eran años de gran creación para ella e incluyeron la gestación de *Las memorias*. Patout empieza su ensayo refiriéndose al nacimiento de Teresa en Francia. Hasta hace poco se seguía repitiendo el error que las misma Teresa fomentaba que se decía "nacida en Venezuela" cuando en verdad nació el 5 de octubre de 1889 en París, cuando su padre estaba de Consul General en Berlín y el resto de la familia vivía en la capital francesa. (Gracias a Velia Bosch, sabemos estos datos.) Los dos primeros años de su vida los pasó Teresa en París, y allí vuelve cuando ya madura en 1923, habiendo terminado de elaborar su primera novela, *Ifigenia*.

En París Teresa lleva una vida medio retirada, aunque llega a conocer a mucha gente de los círculos literarios y la intelectualidad francesa e hispanoamericana. Entabla amistad con Alfonso Reyes, y por un tiempo con el ecuatoriano Gonzalo Zaldumbide tiene una relación amorosa. Allí también conoce al francés, Francis de Miomandre, descubridor de nuevos talentos, quien traduce al francés y publica por primera vez *Las memorias de Mamá Blanca*. Miomandre inicia su prólogo a este libro declarando que la obra no necesita presentación, basta con leerla. Según él, este libro tiene "una esencia de libertad edeniana" y aspira que a través de su traducción "puedan ser captados, los sutiles matices de una forma que es la vida y la gracia misma."

Patout explica bien la situación de Teresa en la ciudad luz mientras está escribiendo su novela:

> Viviendo en París, pero rehuyendo la realidad presente, se refugió en los recuerdos de su infancia añorada, en los felices años que precedieron a la muerte de su padre. El embellecimiento debido a la distancia, la vida tan diferente que se llevaba en París y a la vez el ambiente alentador de la capital francesa le revelaron el valor, el interés de su tierra natal. (169)

Después Patout recuerda a varias escritoras francesas que han hecho algo semejante, como Madame de Ségur, Anna de Noailles, y Colette, al celebrar los encantos de la vida rústica:

> Ya se encuentran en sus libros las visitas a los establos, el sabor de la leche caliente, los paseos hacia el molino, notas naturistas que recogió Teresa para adaptarlas maravillosamente a su tierra, en un verdadero poema ... Collete reanuda, modernizándolo, el antiguo tema de la oposición entre el campo y la ciudad, enfrentando irónicamente la abundancia y autenticidad de la hacienda con la mezquina ciudad ... (170)

Finalmente, la crítica francesa Patout señala la influencia que tuvo Zaldumbide en el estilo de Teresa:

> Él fue quien enseñó a Teresa a torcer el cuello del cisne modernista, a matar "las aves chillonas" que se le quedaron en *Ifigenia*. En *Las memorias* se despoja de todo énfasis, logra emplear una prosa musical y clara, sin perder nada de su ironía y humor criollos, rica de su ternura de mujer. (172)

La tercera parte del volumen se cierra apropiadamente con una bibliografía comentada por la venezolana Gladys García Riera (175-191) donde se destacan las ediciones que se han hecho de *Las memorias* (son 29 en total con las traducciones) y los estudios sobre la autora y su obra. Esta parte bibliográfica es útil y está bien hecha; sólo extrañamos una breve nota hecha por este escritor en inglés por el año 1956, publicada en *Hispania*, con el título "Las memorias de Mamá Blanca. A Literary Tour de Force".

La cuarta división del volumen está dedicada a varias lecturas recientes del texto, más un cuadro cronológico sinóptico que ubica la vida y la obra de Parra con lo que está pasando en ese tiempo en Venezuela, en América Latina en general, y en el mundo exterior. La primera lectura, por Nélida Norris, "Texturas, formas y lenguaje," intenta compenetrarse con la prosa de *Las memorias*, y lo consigue bastante bien. Estudia brevemente las acumulaciones adjetivales, sustantivales y verbales, polisíndeton o intensificación, y nombres propios. Finaliza su ensayo con unas dos páginas que describen el predominio de expresiones o palabras de afectividad religiosa. En la segunda lectura, "Las relaciones seriales", José Balza ingresa en el mundo de la finca Piedra Azul donde se ubica casi toda la acción de la novela y trata de explicarlo en términos de lo que él llama un friso; es decir, la composición narrativa de *Las memorias*. Su pequeño estudio está lleno de aciertos y simpatía hacia sus personajes (niñas y vacas y Daniel, el coplero que cuida las vacas). Vislumbramos también a través de su simpatía general cierta velada crítica, sobretodo contra Vicente Cochocho y la madre Carmen María, que según él, manejan o ordenan todo: "la madre, hilada con ternura y exquisitos tonos ... ejerce con el ropaje de la feminidad el lenguaje de la tiranía." (222)

La lectura que sigue en esta sección. "Feminismo e ideología conservadora" por el español José Carlos González Boixo, es interesante por su enfoque. Mantiene este crítico que el tema feminista de *Las memorias* es insoslayable, pero se da cuenta que Parra no enfatiza este tema en su libro. Ve *Las memorias* como una idealización y mitificación del pasado (la Colonia/la infancia), a la vez que está conciente de cierta crítica social del mundo patriarcal que describía Teresa con tanta eficacia. Esta parte se cierra con una lectura polémica por el crítico chileno (no uruguayo, como lo identifican aquí) Nelson Osorio, quien parece desdeñar las "lecturas tradicionales" anteriores, como la de Picón Salas, o por implicación, la de Liscano, etc. Él propone una lectura bastante politizada declarando que "Parra nos entrega la creación de un mundo ídilico e idealizado, ficticio, que funciona como reverso ideal de una realidad que se cuestiona y rechaza." (238) Todo su artículo sostiene esta idea de rechazo de la sociedad en *Las memorias*. Reconoce que la cosmovisión de la autora en esta novela es ídilica por estar más cerca de la naturaleza que la sociedad actual, pero insiste que Parra impregna su obra con una "íntima tristeza reaccionaria". Disentimos de su lectura, prefiriéndo las lecturas tradicionales de la mayoría de los críticos.

La última parte del volumen consta de unas pocas páginas que enumeran los principales americanismos y venezolanismos de *Las memorias* y también una breve bibliohemerografía. De nuevo, agradecemos a Velia Bosch, que en este volumen ha sabido entregarnos un texto definitivo de *Las memorias de Mamá Blanca*, organizar materiales importantes sobre Parra e incluir estudios que, en general, han penetrado en el texto con opiniones esenciales y originales.

University of Textas, Austin　　　　　　　　　　GEORGE D. SCHADE

ENRIQUE AMORIM. *La carreta*. Edición crítica. Fernando Ainsa, coordinador. París/Madrid: Colección Archivos Nº 10, 1988.

La publicación de la edición crítica de *La carreta* del uruguayo Enrique Amorim por la Colección de la Asociación Archivos de la Literatura Latinoamericana del Siglo XX logra no sólo enriquecer las lecturas de la novela preferida de Amorim y la que le ocupó veintinueve años de su vida creativa, sino también revalorar las contribuciones de Amorim a la historia literaria latinoamericana.

Fernando Ainsa, el coordinador del equipo de investigadores encargados de esta edición, explica en su ensayo introductorio las dos razones prioritarias que llevaron a la selección de *La carreta* como la obra representativa de Amorim. En primer lugar, de las trece novelas de Amorim, entre las que figuran los clásicos de su narrativa: *El paisano Aguilar* (1934) y *El caballo y su sombra* (1941), o aquellas que lo sitúan entre los escritores del realismo-social como *Corral abierto* (1956), *La carreta* fue la obra vital de Amorim, en la que estuvo trabajando desde 1923, fecha de publicación del cuento "Las quitanderas", en Amorim —nódulo genético de la novela— hasta 1952, fecha de la sexta y definitiva edición de la misma. En segundo lugar, una de las principales objeciones de la crítica a *La carreta*: su laxa estructura, al punto que para algunos críticos *La carreta* no sería una novela *sensu stricto*, llevó al equipo de investigadores de esta edición a reunir una abundante documentación sobre el proceso creativo de la novela. Paradójicamente, la dificultad (deficiencia) estructural de la misma, consecuencia de haber partido de un género, el cuento, a otro, la novela, y la constante (re)escritura de esta obra que iba creciendo y perfeccionándose lingüística y estilísticamente, resultó en la acumulación de abundantes materiales alrededor de *La carreta*. El propio Amorim dijo: "una novela se padece durante un lapso que puede correr entre diez o veinte años ... o toda una vida. Y termina por ser la única novela que no ha podido dar con la forma de escribirla". Amorim padeció *La carreta* durante veintinueve años. La forma que se concibió en un principio como cuento: "Las quitanderas," "El lado flaco" (1924), que reelaborado se publicó en 1925 con el título de "El pájaro negro," y "Los explotadores de pantanos" y "Las quitanderas (2do. episodio)" publicados en 1925 en *Tangarupá*, ya en 1932 cuajó en la novela *La carreta. Novela de Quitanderas y vagabundos*. Los cuentos éditos pasaron a ser con modificaciones capítulos de la novela y en 1941, después de la cuarta edición de la novela, Amorim publicó un nuevo cuento, *Carreta solitaria*, que en la quinta edición de *La carreta* se transformó en el capítulo décimocuarto y en la edición definitiva pasó a ser el decimotercero. Esta riqueza de materiales que van marcando las distintas etapas del proceso creativo de *La carreta* está claramente presentada por los trabajos de Wilfredo Penco, "Génesis de *La carreta*" y "Guía para la lectura de la presente edición," así como por la inteligente organización de Fernando Ainsa, quien se esforzó para que la documentación obtenida sirviera para proponer una génesis del texto.

Si el nódulo genético de la novela es el cuento "Las quitanderas" del joven escritor de veintitrés años, sobre él gira gran parte del material crítico que acompaña al texto de esta edición. Para aquellos que por razones cronológicas desconocíamos la polémica sobre el término "quitanderas" y que no tuvimos que leer *La carreta* ni como texto escolar ni liceal, sino años más tarde descubriendo una de las más interesantes obras de nuestra literatura, esas mujeres que llegaban en una carreta solitaria y lenta a los lugares más remotos del norte uruguayo y eran esperadas con ansiedad por hombres rústicos y solos y no precisamente por los pasteles y tabaco que ellas vendían, eran una realidad. Ya las habíamos visto en los cuadros de Figari, ya el cine norteamericano había proyectado sobre la pantalla su versión de las mujeres alegres que llegaban a los pueblos de mineros del deshabitado oeste estadounidense. Las mujeres ambulantes que se venden a hombres que no tienen "mujeres, ni religión, ni fiestas" (Amorim: 1930) parecía lógico que existieran, y sin embargo son producto de la imaginación amoriniana. Su ficción se impone a la realidad. Sus "quitanderas" no sólo sirven de inspiración para el genio pictórico de Figari, sino que llevan a un escritor francés, Adolphe Falgairolle, a plagiar en París el cuento del uruguayo. El realismo de Amorim, como el de todo gran escritor, trasciende la realidad haciendo sentir en sus páginas, pobladas por personajes inexistentes —"las quitanderas"— quienes van pasando revista a una serie de personajes tipos: el baqueano, el comisario, el estanciero, el cuentero, "el turco," etc., la brutal realidad de la miseria del campo norteño uruguayo.

Con respecto a la temática de la prostitución itinerante en Amorim es imprescindible la lectura del ensayo de Ainsa. Si bien ya no se duda que la creación de "las quitanderas" constituye un tema inédito en la narrativa americana, Ainsa observa que la literatura latinoamericana a través de autores tales como Alejo Carpentier, Gabriel García Márquez, Mario Vargas Llosa y José Donoso se ha dedicado al tema. Después de mostrar ejemplos históricamente verosímiles en *Los pasos pérdidos* de Carpentier, *La increíble y triste historia de la Cándida Eréndira y de su abuela desalmada* de García Márquez, *Pantaleón y las visitadoras* de Vargas Llosa y *El lugar sin límites* de Donoso, Ainsa concluye que: "pese al carácter de pura invención que Amorim reivindica para sus "quitanderas," es interesante observar que —gracias al realismo en que se inscribe su narrativa— podrían ser el reflejo de un fenómeno social que hubiera existido en la realidad." (319)

Sobre la etimología de la palabra "quitanderas," con la cual Amorim designa a sus "vagabundas amorosas de los callejones patrios," esta edición compila los textos que a partir del 25 de noviembre de 1923, fecha en que se publicó el artículo de Martiniano Leguizamón en el diario *La Nación* de Buenos Aires, trataron el tema. La opinión del reconocido estudioso del folklore rioplatense, quien propone una doble vertiente etimológica del vocablo —araucana y brasileña—, pero que niega la acepción de "quitandera" como prostituta, es complementada por los artículos del propio Amorim y del prestigioso lingüista Daniel Granada, quienes apuntan a la etimología brasileña del término y, en el caso de Amorim, subraya nuevamente la invención de esas mujeres que vendían amor. Asimismo, es enriquecedora la contribución del escritor de Angola, Domingos Van-Dúnem, quien muestra la existencia del término "quitandera" en Angola y en numerosos textos poéticos de lengua portuguesa. Lo interesante del trabajo de Van-Dúnem es que trata la evolución histórico-social de la "kitandeira" y su relación con la prostituta.

Las lecturas críticas de *La carreta* de K. E. Mose, Ana María Rodríguez Villamil y Fernando Ainsa se aproximan a la novela desde diversas perspectivas. Así, la carreta, vehículo fundamental de la historia uruguaya, en la novela se transforma en un símbolo que marca dos formas de vida: la ambulante y la estable, en un momento en que la vida itinerante de la carreta tiene que ceder a la estabilidad que ya están imponiendo las chacras y la estancia. En el capítulo final, la carreta echa raíces y se convierte en rancho. La realidad del campo uruguayo se transforma en literatura. Con la creación imaginaria de ciertos personajes y una estructura novelesca defectuosa, demasiado floja, sin un eje firme de coherencia, Amorim logra expresar, como ya lo notará Emir Rodríguez Monegal, "el fluir seguro de la vida, el significado, la substancia sinuosa, cambiante, variada hasta incongruente del flujo narrativo." (*Narradores de esta América*, 106)

El ir más allá de los límites de lo real hace que ciertas estudiosas como Mercedes Ramírez de Rosiello, quien ofrece una exhaustiva presentación del Amorim-hombre en "La circunstancia del escritor," y Ana María Rodríguez Villamil en su excelente ensayo "Mitos, símbolos, supersticiones y creencias populares" ubiquen a Amorim en la antesala del "realismo mágico" y "lo real maravilloso." Si bien son convincentes las explicaciones de ambas críticas, creo que Amorim es un escritor realista, un gran escritor que sabe como decir las cosas. Su literatura sabe dar vida al mundo rural sobre el que ha decidido escribir. Por ello es iluminador el ensayo de K. E. Mose, "Propuesta para una estructura temática de *La carreta*," en el cual se refiere al libro de Julio Martínez Lamas, *Riqueza y pobreza del Uruguay* (1930). El informe sociológico de Lamas, publicado en la fecha de gestación de *La carreta* y aparentemente ignorado hasta ahora, corrobora el tipo de vida femenina de vagabundeo y denigración reencarnado en "las quitanderas." Asimismo, se indica la existencia de rancheríos infectados por sífilis en Saucedo o el Paso de las Piedras —lugares de la ficción amoriniana. Mose concluye que: "Amorim ha iluminado una verdad social por su intención y su arte verbal."

Cuando se publica una novela de tema rural que intenta rescatar los giros lingüísticos de una determinada región con veracidad y naturalidad, y se espera que dicha obra logre aceptación universal es imprescindible que se la acompañe de un estudio lingüístico. El trabajo de Huguette Pottier Navarro sobre *La carreta* no sólo beneficia la lectura de la novela, sino que resulta ser una contribución invalorable para el estudio del área lingüística ríoplatense.

Finalmente, esta edición ofrece una bibliografía, a cargo del profesor Walter Rela, de la obra de Amorim así como de los trabajos críticos sobre la misma. Una rápida mirada a las fechas de publicación de los ensayos críticos sobre Amorim apunta al injusto olvido de este valioso escritor. La Colección Archivos al seleccionar *La carreta* como una de las obras representativas de la literatura latinoamericana del siglo XX remedia el silencio de la crítica e invita a nuevas lecturas y estudios sobre la obra de un escritor que supo transformar en literatura un mundo ya inexistente en toda su crueldad y belleza.

University of Notre Dame   MARÍA ROSA OLIVERA-WILLIAMS

ALCIDES ARGUEDAS. *Raza de bronce. Wuata Wuara*. Edición crítica. Antonio Lorente Medina coordinador. París/Madrid: Colección Archivos Nº 11, 1988.

El lector de este volumen dispone, indudablemente, de una edición única y valiosa de la obra narrativa principal de este escritor boliviano. Se trata de una edición crítica cuidadosa y al mismo tiempo valoración amplia del autor y su obra desde perspectivas históricas, ideológicas y estéticas, a cargo de un equipo de investigadores, como todas las obras que publica la Colección Archivos. Está integrada por cinco secciones: 1. Introducción, II. El texto, III. Historia del texto, IV. Lecturas del texto y V. *Dossier*. Las reseñaré de acuerdo a ese orden.

I. Introducción. Esta sección tiene tres partes: "Liminar", por Carlos Castañón Barrientos, y dos artículos del coordinador Lorente Medina: "Introducción" y "Nota filológica preliminar". La Introducción de Lorente Medina destaca a este autor como "parte de la pléyade de escritores hispanoamericanos radicados en París (Manuel Ugarte, Rufino Blanco Fombona, Francisco García Calderón, Hugo Barbagelata, etc.)" en la que se percibe la influencia de las ideologías europeístas de su época (xxi). En efecto Alcides Arguedas (1879-1946) es una de las personalidades hispanoamericanas más destacadas de la primera mitad del presente siglo, y ha dejado una obra historiográfica vasta todavía no estudiada en la medida que merece y como lo ha hecho esta edición respecto a su obra narrativa. Por primera vez desde su primera publicación a principios de siglo, las dos novelas de este autor aparecen ahora en un mismo volumen dando al lector la oportunidad de valorar las relaciones intertextuales que la historia literaria ha señalado entre ambas obras. A partir de las afirmaciones del propio autor se ha visto tradicionalmente a *Wuata Wuara* (1904 como bosquejo de *Raza de bronce* (1919). Ahora, el editor señala que ambas novelas "suponen dos discursos narrativos diferentes, incluso desde el punto de vista estructural, de una temática similar y de ciertos personajes o ciertas situaciones concretas que se repiten" (xxvi). Respecto a la segunda novela, escrita en la madurez intelectual de su autor, se destaca el papel fundamental que le cupo desarrollar en la orientación del indigenismo literario hispanoamericano del siglo XX como ya ha sido reconocido por la crítica e historia literaria de este continente. Lorente Medina afirma que ella "supone el punto de arranque de la novela indigenista en nuestro siglo y, en verdad, su contenido incluye indudablemente ya temas fundamentales de la ulterior novela indigenista" (xxii).

II. El Texto. Esta sección incluye las dos novelas. La edición de *Wuata Wuara* constituye el rescate del olvido de una obra prácticamente desconocida por el lector contemporáneo que ha tenido sólo acceso a la segunda novela a través de publicaciones comerciales generalmente carentes de rigor y seriedad editorial. En la introducción de esta primera novela, el coordinador afirma que "la originalidad de su indigenismo en el seno de una sociedad liberal citadina, cuyas voces más cualificadas abogaban por la extinción del indígena como la premisa indispensable para la modernización de Bolivia, y su indudable condición pionera de la novela indigenista de nuestro siglo, ... son razones que avalan más que suficientemente nuestra decisión final de publicar *Wuata Wuara* a continuación del texto definitivo de *Raza de bronce*" (346).

Respecto a esta segunda novela, las tres ediciones realizadas por el propio autor (en 1919, 1924 y 1945) se reúnen en la presente edición. Las múltiples variantes de esas tres ediciones son mostradas ahora, así como rectificaciones de erratas que han afectado a las ediciones comerciales de la misma. "En nuestra edición —escribe el editor— el lector podrá observar los cambios significativos que se produjeron a lo largo de las diferentes ediciones que nos han precedido, y muy especialmente de las tres ediciones publicadas en vida del autor". La fijación del texto básico de la presente edición ha sido realizada a partir de la tercera, considerada la definitiva por el propio autor.

III. Historia del texto. Esta sección está integrada por tres ensayos firmados respectivamente por el coordinador, Teodosio Fernández y Juan Albarracín, y un cuadro cronológico sinóptico debido también al coordinador.

El primero, "*Raza de bronce* en la encrucijada biográfica de Alcides Arguedas", de Lorente Medina, es un ensayo biográfico detallado destinado a servir como contexto esencial de la obra narrativa del escritor. Lorente demuestra que "*Raza de bronce* se yergue como un hito (1919) que señala el punto culminante del Alcides Arguedas novelista y el gozne entre su obra literaria y su obra historiográfica, de la que, de algún modo, participa" (442). En la segunda parte de su estudio Lorente realiza una comparación entre los textos de las dos novelas a fin de determinar el grado de aportaciones de *Wuata Wuara*. Más aún, amplía este trabajo comparativo a *Raza de bronce* y al libro historiográfico más polémico del mismo escritor titulado *Pueblo Enfermo* (1909). Afirma que en este libro ya están expuestos en forma historiográfica muchos de los aspectos que la novela desarrollará después a través de sus personajes, situaciones y diálogos. De este modo, Lorente discute una nueva dimensión de las relaciones intertextuales entre los textos de historia y de ficción de Arguedas. Agrega que *Pueblo enfermo* constituye "el punto obligado entre *Wuata Wuara* y *Raza de bronce*, con lo que esto pueda tener de positivo y de negativo" (453). Asimismo, señala relaciones entre partes de la novela de 1919 y *Los caudillos bárbaros* (1929), otra obra historiográfica de Arguedas.

Teodosio Fernández elije como tema de estudio "Arguedas en su contexto histórico. El regeneracionismo español". Considera que el período más importante de la trayectoria intelectual de Arguedas puede ubicarse entre 1899 y 1932. A tiempo de señalar los rasgos de la tradición romántica y de las nuevas búsquedas, afirma que "la familiaridad de Arguedas con la literatura científica europea del XIX y con el regeneracionismo español —sin desdeñar la posible influencia de la narrativa francesa y rusa, que se ha señalado en ocasiones— también fueron decisivos para su evolución como novelista" (469). Subraya que a partir de las vacilaciones de sus contemporáneos, en su novela de 1919 "llegó más lejos que nadie: eliminó casi por completo los elementos románticos, describió minuciosamente la geografía, observó a los indígenas y analizó su comportamiento a la luz de los conocimientos científicos que había adquirido"; de ese modo —señala finalmente— "se convirtió en el insospechado iniciador de la narrativa indigenista contemporánea" (470).

Juan Albarracín dedica su ensayo "Alcides Arguedas iniciador del indigenismo boliviano" a reseñar la recepción de la novela *Raza de bronce* por las élites dominantes de la sociedad boliviana de principios de siglo. Escribe que inicialmente "el libro fue visto como una instigación a la revuelta campesina y, su autor, como un rebelde al que había que castigar" (471). La sociedad que lo leía, por otra parte, salía de varias guerras internacionales en la mayoría de las cuales había sufrido derrotas. Esa circunstancia habría producido tribulación y autocrítica en el autor. Afirma que "la ideología dominante entre las élites rurales del liberalismo boliviano, respecto al indio, era de un irrevisible [sic] apartheid cuya conjura histórica era excluir al indio de las ciudades y confinarlo a la atrasada hacienda, fuera de las fronteras de la civilización" (472). En tales condiciones, "el indigenismo, para estos censores, no era una tendencia literaria sino una perversa conjura y una instigación anarquista en contra de los valores culturales vigentes en la sociedad boliviana" (474). Por otra parte, la novela no llegó al indio, obviamente analfabeto, aislado de la educación y la cultura. Sin embargo, obtuvo aceptación entre el público de la clase media avanzada, aunque la aceptación del indigenismo en ese sector tuvo "razones paternalistas y un altruismo identificado con toda demanda de justicia" (477). Respecto a la recepción de la novela fuera del país, Albarracín señala la simpatía del lector extranjero porque representaba "la puerta de ingreso a un mayor conocimiento de la cultura india" (477). Destaca de modo particular la reacción de André Maurois, quien calificó a la novela de "libro único" de la literatura hispanoamericana, en su género, "por tratarse de un 'tratado de antropología social' y, en lo literario, por la calidad dramática y su fresca descripción de los extraordinarios paisajes andinos, la autenticidad con la que se expresan sus protagonistas y por su trama humana" (478).

IV. Lecturas del texto. Presenta tres lecturas. La primera, "*Raza de bronce* entre la reivindicación y la discriminación racial del indígena", de Julio Rodríguez Luis. Este artículo, lamentablemente, no ofrece novedad digna de mención puesto que se trata de una revisión del capítulo II de su libro *Hermenéutica y praxis del indigenismo* (1980). Llama la atención que después de ocho años Rodríguez no haya profundizado o ampliado su lectura de la novela.

Las dos siguientes lecturas corresponden a Teodosio Fernández. La primera, "Las tensiones ideológicas de Arguedas en *Raza de bronce*", señala que esta novela es la manifestación literaria por excelencia que manifiesta el conflicto permanente en la obra general de este escritor, particularmente la historiográfica. Ese conflicto es definido como resultado de "las pretensiones regeneracionistas del autor y unas tesis tan pesimistas que apenas dejan esperanzas para Bolivia y sus habitantes" (520). Agrega que Arguedas, que entendía la literatura como un medio para indagar la identidad nacional "pretende transformar en relato algunas de sus observaciones de la realidad boliviana" ya contenidas en *Pueblo enfermo* (521). Por otra parte, la caracterización de la raza o de la psicología andina que en sus relatos implican una visión positiva del indio "poco o nada tendrían que ver con las duras opiniones vertidas por Arguedas en *Pueblo enfermo*" (522). Según la tesis de Fernández, ciertos aspectos de la novela estarían contradiciendo la intencionalidad del ensayo sociológico más famoso del propio Arguedas. Esos dilemas ideológicos tendrían origen en el enfrentamiento de las influencias de cierto pensamiento europeo de la época y las propias observaciones directas y personales del escritor en la realidad socio-cultural boliviana. Ese conflicto, por otra parte, resulta propio de muchos intelectuales latinoamericanos de la época. En su segundo ensayo, "Análisis estructural y estilístico de *Raza de bronce*: texturas, formas y lenguajes", Fernández señala el hecho referido en su primera lectura como una de las características que influyen en la producción de la novela, es decir, el esfuerzo de Arguedas por adaptar un discurso sociológico teórico a la condición del relato. Señala que aún el empleo de los tiempos verbales en presente en el relato muestran la característica propia del discurso ensayístico. Esta preocupación, más propia del ensayo que de la narrativa, determinó, según Fernández, la poca atención que Arguedas dio a su escritura propiamente narrativa. Las disquisiciones ensayísticas no transformadas en texto narrativo "constituyen, en último término, una consecuencia evidente de la poca o ninguna atención que Arguedas prestó a las preocupaciones en materia de técnicas narrativas que se venían acusando en escritores europeos y norteamericanos, y que ya habían empezado a difundirse en Hispanoamérica" (544). Otras características de las que se ocupa son las tendencias modernistas de la novela y, a la vez, cierta tendencia hacia el "feísmo" de las descripciones. Concluye afirmando que la novela es un testimonio "de los gustos literarios que confluyeron en una época" (552).

V. *Dossier*. La sección final de esta edición crítica incluye una explicación de lugares geográficos, índices de lugares y personajes, bibliografía y otros textos de interés histórico-literario para el conocimiento de Arguedas y su obra.

En síntesis, este volumen se constituye en la única edición rigurosa de la obra narrativa más importante de Arguedas, y en la que tendrán que basarse los estudios futuros sobre la misma. Los artículos reunidos en la sección III, dedicada a la historia del texto son ineludibles para la mejor comprensión del sentido de los textos de ficción. Las lecturas de la sección IV ofrecen en general aspectos interesantes para la discusión de elementos que deben ser dilucidados en la obra de este autor. En su conjunto, este volumen ofrece una rica información sobre la que se debe iniciar la revaloración y profundización de los estudios sobre la obra narrativa de Alcides Arguedas, pero sobre todo este volumen ofrece la edición de lo que hasta hoy son, ciertamente, los textos definitivos de esa obra narrativa.

University of Tennesse-Knoxville   OSCAR RIVERA-RODAS

JOSÉ GOROSTIZA. *Poesía y poética*. Edición crítica. Edelmira Ramírez, coordinadora. París/Madrid: Colección Archivos Nº 12, 1988.

En el horizonte de la modernidad, la obra lírica del mexicano José Gorostiza se recorta como un torrente de originalidad donde la imaginación se disfraza de distintas formas y desafía y fascina. Obra rara, tanto por su brevedad como por su intensidad, la lírica de Gorostiza permanece, en su movilidad de sugerencias y sentidos, como uno de los signos más perturbantes de una escritura y una época todavía no entendidas en su contradictoria diversidad. Corrido el tiempo, la voz del poeta de Tabasco mantiene su vigencia y su complejidad. Sobre eso no caben dudas. Como se dijo, la brevedad la caracteriza. En términos materiales, su poesía completa no ocupa más de cien páginas. A ese *corpus* compuesto por cuatro distintos momentos en la producción del poeta, *Canciones para cantar en las barcas, Del poema frustrado, Muerte sin fin*, y "Poesías no coleccionadas", habrá que agregarle sus ensayos y su obra de teatro de apenas dos páginas. En suma, una trayectoria más diseñada por el rigor formal que por la extensión de los resultados, la cual arduamente llega a las ciento cincuenta páginas. Como en los casos de Gerald Manley Hopkins, Dylan Thomas o el mismo San Juan de la Cruz, la escritura de Gorostiza puede definirse mejor por su *intensidad* que por su *extensidad*. Precisamente en dicho espacio de interioramiento, de intimidad acentuada, es que residen los signos de una dificultad que ambiciona una resolución y por ello mismo promueve una multiplicidad de lecturas. El sentido, como la definición de la poética, se fuga: desafía los esfuerzos totalizantes (y por ende incompletos) del entendimiento.

Sin caer en dogmáticas ortodoxias ni querer reducir la lírica a estudio a siempre peligrosas síntesis, el presente volumen, resulta por su generosidad analítica y su pluralidad de respuestas interpretativas, el mejor aporte hasta la fecha al estudio de la obra gorosticiana. Es además, el más efectivo conjunto de ensayos tendientes a definir (definitivamente, si el término no resulta para el caso demasiado utópico), las características constituyentes de dicha escritura. La edición a cargo de Edelmira Ramírez resulta doblemente convincente en cuanto permite una reubicación ya histórico-biográfica como textual de Gorostiza. Esto resulta decisivo, si se tiene en cuenta, como señala Alí Chumacero, que el poeta tabasqueño "era una contradicción entre su obra poética y su forma de ser". Precisamente es Chumacero el encargado de escribir las "palabras liminares". La elección es muy acertada no sólo porque Chumacero ha seguido de cerca el desarrollo — por lo menos temporal— de la obra de Gorostiza, sino además porque esta lectura de *poeta a poeta*, como mejor podría definirse, presenta en pocas palabras y con magnífica exactitud, una visión humana del texto y una visión textual del hombre. En esta introducción resultan esclarecedores algunos comentarios del propio Gorostiza, como éste por ejemplo: "Me agrada que mis amigos me expliquen lo que quise decir en mi poema".[1] La referencia, puede suponerse, es a "Muerte sin fin". Chumacero, trayendo a colación otros comentarios, que sin perder su voz anecdótica resultan sumamente eficaces en la interpretación de la poética de Gorostiza, define al poeta "como una especie de ángel del abismo". Ese abismo bien podría leerse como el espacio interminable del sentido y de sus posibles resoluciones, espacio que "Muerte sin fin" ocupa como monumento diferencial de toda la poesía moderna.

El segundo ensayo en aparición en el libro a comentar es "José Gorostiza en perspectiva" y sitúa de manera minuciosa la obra del poeta en su contexto histórico, tanto de la cultura mexicana como en el cuadro cronológico de la poesía de la época. La autora, quien además es la coordinadora del volumen, reseña de manera suscinta las características formales de la obra de Gorostiza. Quizás una de las más claras definiciones de la tarea del poeta sea esta: "su poesía no surge de la intuición o de la inspiración, sino de un arduo proceso intelectivo, consciente, atento a la creación de cada uno de sus textos, hasta lograr una unidad total, equilibrada, perfecta" (xxiv). Cierto es, que lo arbitrario interviene en la lírica de Gorostiza de otra forma. Su modernidad, aunque en apariencia de similar raigambre a la de Huidobro, en cuanto el poeta se ve a sí mismo como un 'pequeño Creador', difiere de la del chileno en algo fundamental: Gorostiza accede al poderío de la imaginación por una conciencia intelectiva que pretende lo que podría llamarse 'un desborde ontológico del concepto' antes que la apropiación sensual de lo imaginario. En todo caso, se llega a la sensualidad por la razón; por el rigor y no por la espontaneidad o el azar. Al respecto, el propio Gorostiza recordaba que la poesía era "una investigación de ciertas esencias —el amor, la vida, la muerte, Dios— que se produce en un esfuerzo por quebrantar el lenguaje de tal manera que, haciéndolo

---

[1] *Poesía y poética*, xix. De aquí en adelante, todas las referencias serán de la obra citada y las páginas aparecerán entre paréntesis.

más transparente, se pueda ver a través de él, dentro de esas esencias" (xxvii).

El *entrampamiento* de esas esencias es la propuesta del trabajo de Mónica Mansour, "Armar la poesía". Recobrando algunos textos inéditos, la autora propone el desciframiento de los procesos de la escritura gorosticiana. Es decir, la búsqueda del origen, el camino de lo metapoético, la hipótesis de la creación. Como en los casos de Sor Juana o Rimbaud, el silencio del poeta, su 'dar la espalda a la escritura', permanece como uno de los más radicales misterios. La autora busca dar razones; quizás la pérdida o desaparición de algunos textos, tal vez "la obsesión por la perfección" (303). Pero en definitiva, no está de acuerdo con estas respuestas aleatorias. Señala que "Gorostiza siempre arguyó que la razón por la que ya no escribía era que la vida política y diplomática lo absorbía tanto que no le dejaba tiempo para nada más. Esta razón es evidentemente un pretexto para resolver el problema del acoso de periodistas, conocidos y admiradores. Otros poetas —y también novelistas— mexicanos han estado en la misma circunstancia y no han dejado de escribir. De modo que el misterio queda aún por dilucidarse. Hacia 1940, algo le sucedió a Gorostiza —emotiva y psicológicamente, podemos presumir que lo orilló no sólo a dejar de escribir, sino también a dejar de publicar textos terminados" (303-304). El ensayo de Mansour, por su labor investigativa que saca a luz textos inéditos de Gorostiza, resulta valioso para establecer el cuadro cronológico de la producción de esta lírica como así también de las condicionantes metaformales que rodearon dicho proceso de escritura.

Mónica Mansour es también la autora de un ensayo de perspectiva semiótica, "El diablo y la poesía contra el tiempo", que pretende caracterizar la unidad blindada de "Muerte sin fin". El trabajo, a pesar del laborioso esfuerzo por encontrar una sistematicidad elucidadora del tejido de significaciones que el texto pueda esconder, presenta momentos de opacidad analítica donde la vaguedad predomina. Pasajes como éste se repiten: "La creación de la poesía es un sueño y muere, pero sigue siendo creación que, por lo tanto, se opone a la descreación, aunque sea momentáneamente" (253). ¿Qué es la "creación", el "sueño" o la "descreación"? Ninguna aclaración sale a la superficie y este tipo de ambigüedades, como remanencia de un análisis incompleto, se repiten. Pero, más allá de sus contrariedades, que por encima de todo atentan contra la propia modalidad analítica elegida (hablar de términos tan vagos como "creación" y "descreación" en un ensayo semiótico resulta incompatible con el mismo método de entendimiento discursivo), el trabajo de Mansour resulta igualmente estimulante, encontrando probables 'salidas al sentido' incluso en sus errores. Aunque no tiene la efectividad ni el convencimiento del anteriormente mencionado, resulta sin embargo provocador de nuevas aproximaciones al texto cumbre de Gorostiza. Quizás el próximo paso en la exégesis gorosticiana sería definir de manera menos ambigua la relación del poeta con su 'creación' (lo que sería la biografía metatextual del poema), sin emular las opacidades que en un texto brillante como "Muerte sin fin" resultan apropiadas, mientras que en un ensayo de interpretación perjudican la eficacia argumentativa.

En una línea similar al ensayo de Mansour recientemente citado está el estudio de Humberto Martínez, "Hacia lo no dicho en Gorostiza", donde también abundan vagas definiciones como las siguientes: "los signos de los tiempos", "la ausencia de lo verdadero", "la potencialidad del ciclo", etc. En este caso las observaciones de procendencia filosófica, que no necesariamente otorgan validez a la posible definición del texto, pueden justificarse un poco más pues la práctica de la lectura pretende articular una hermeneútica donde la terminología escatológica y metafísica está de hecho aceptada. A pesar del acertijo que implica establecer con precisión las varias acepciones de los términos empleados (lo que sería una lectura de la 'dificultad' a través de la propia 'dificultad'), Martínez consigue elaborar diversas hipótesis de lectura, que resultan por encima de todo, originales. A través de Nieztsche y Heidegger, el autor superpone a Gorostiza con Hölderlin y por ende con esa línea fundamental de la poesía moderna, en donde la contradictoria unión entre el escepticismo y lo visionario establece los rasgos (y riesgos) de un discurso que busca revelar "la edad del mundo", es decir, la imagen misma de la utopía. El trabajo de Humberto Martínez trae a colación otras soluciones de interpretación pues "La poesía de Gorostiza —a diferencia de otras— se sitúa más en lo no-dicho de lo dicho, exige esta comprensión de intención en el contenido. De hecho, el tratamiento de sus metáforas, imágenes, símiles o símbolos, pueden leerse metafísicamente, por medio de la filosofía idealista alemana, por la simbología de la cábala hebrea, o de manera budista o gnóstica" (255). Aunque la lectura aquí propuesta no proviene del texto de "manera directa" (257), como el autor pretende, la misma resulta útil en el rastreo de esas ideas que promueven el escenario donde la poesía encuentra su voz "en lo no-dicho de lo dicho", lo que sería el impenetrable silencio de la palabra escrita.

Guillermo Sheridan, autor de uno de los mejores libros sobre "los Contemporáneos" basa su análisis en la relación de Gorostiza con tal fundamental grupo de la cultura mexicana: "Este grupo protagoniza el papel estelar de los veintes mexicanos y emprende la tarea cultural más determinante del México postrevolucionario. Realiza un trabajo de enorme cohesión, de alto valor intelectual en tanto grupo, y produce una literatura osada y altiva en el plano individual: el resultado fue una desmesurada herencia que todavía no acabamos de estudiar ni asimilar del todo" (157). Los datos aportados por Sheridan, donde fuera de toda duda los "Contemporáneos" permanecen como una presencia concluyente en la difusión de nuevas apropiaciones de escritura, permiten evaluar de una manera más segura el entramado, a veces tan difícil de esclarecer, entre la actividad del individuo y los movimientos generacionales, entre el texto y el marco de lectura que lo prefija.

Utilizando el mismo trasfondo histórico, el México de los años veinte, el largo y detallado ensayo de Silvia Pappe, dividido en tres partes, "El mar de uno mismo, gotas de poesía", "Destinos" y "Cuadro sinóptico-cronológico", resulta uno de los documentos ineludibles de este libro. Además de vincular uno con otro los detalles que definen las diversas etapas creativas con las circunstancias personales que apoyaron la escritura, la autora logra concretar de manera impecable lo que podría llamarse la 'biografía del texto', donde Gorostiza sólo está definido (y defendido) por sus palabras. En la historia de su lenguaje, el poeta encuentra minuciosamente organizados los rasgos de su personalidad. Por lo tanto, este trabajo investigativo (y aquí la palabra 'investigación' alcanza su más lúcida definición) resulta imprescindible para todo estudioso de Gorostiza que pretenda entender la historia del poema (y de su autor) en referencia al contexto socio-cultural inmediato que al situarla la problematiza. Casi como apéndice de su trabajo, Pappe reseña también los diversos enfoques críticos escritos en torno a la obra de Gorostiza. Por más que no cubra todo lo escrito sino lo "de más relevancia" ni tampoco haga una evaluación exhaustiva de todos estos comentarios, el apartado resulta igualmente propicio en el entendimiento de la lírica gorosticiana, esta vez desde el ordenamiento de las distintas respuestas de lectura.

El breve trabajo del poeta de Jalisco, Elías Nandino, "Pepe Gorostiza y su talón de Aquiles", que cierra la sección "Lecturas del texto", poco agrega a los estudios anteriormente citados, salvo el tono de intimidad conversacional libre de toda soberbia académica y el recuerdo de una de las citas más definitorias del temperamento lírico de Gorostiza: "El poeta no puede, sin ceder su puesto al filósofo, aplicar el rigor del pensamiento al análisis de la poesía" (306).

Como es costumbre ya en la "Colección Archivos", la parte final del libro está conformada por un *dossier* que incluye esta vez, las cuatro primeras reseñas que se escribieron sobre "Muerte sin fin", la serie de artículos que fueron el centro de la polémica de 1932 sobre la crisis de la literatura de vanguardia y una bibliografía tanto de la obra de Gorostiza como de lo escrito sobre la misma.

En suma, puede decirse sin caer en exageraciones que esta edición crítica, *Poesía y poética*, resulta un libro obligatorio para todos los estudiosos de la obra, todavía abierta, de José Gorostiza. Si los fieles admiradores del poeta de Tabasco encontrarán aquí la mejor guía de lectura hecha hasta la fecha de su espléndida y dificultosa obra, los recién iniciados quedarán ampliamente satisfechos. En su diverso y detallado espectro, no carente de amenidad, este libro orienta y estimula a seguir descubriendo las múltiples direcciones de la poesía moderna. Eso de por sí es ya elogio suficiente.

Texas A&M University   EDUARDO ESPINA

CLARICE LISPECTOR. *A Paixão Segundo G.H.* Edição crítica. Benedito Nunes, coordinador. París/São Paulo: Colección Archivos Nº 13, 1988.

Siempre me ha parecido extraordinario que la fascinante e importante obra de Clarice Lispector (1925-1977) haya tardado tanto en ser reconocida mundialmente. En la década de los sesenta, cuando las novelas del Boom hispanoamericano empezaron a cautivar al público europeo y norteamericano hasta tal punto que se puso éste a "descubrir" a los antecesores de sus protagonistas, a casi nadie se le ocurrió cruzar las fronteras —o más significativo, quizás, mudar de idioma— para investigar el territorio virgen literario que, para la mayoría de nosotros, era el Brasil. Es de notar la escasez de referencias bibliográficas de origen europeo o norteamericano a *A Paixão Segundo G.H.* (1964) de antes de 1977, año de la muerte de la autora, en esta edición definitiva de la novela. Pero no se trata sólo de Clarice: hasta recientemente todos los prosistas y poetas brasileños han sido más o menos desatendidos fuera de su propio país, aunque algunos tuvieran la suerte de ser leídos en Argentina y Venezuela. Los esfuerzos de un reducido grupo de brasilianistas extranjeros, más uno que otro latinoamericanista, que se dedicaban concienzudamente a entender, explicar y divulgar la literatura brasileña, parecían constituir una causa perdida. Pero huelga decir que los que de veras perdían eran los que no conocían este tesoro.

Parece que la situación va mejorando hoy en día, e incluso se podría afirmar que la cultura brasileña ya no es el compartimiento estanco cultural que fue. Por lo menos, ahora los nuevos manuales e historias de la literatura latinoamericana casi siempre incluyen una sección brasileña, en muchas revistas se mezclan artículos sobre autores y textos brasileños e hispanos, y la serie prestigiosísima que es la Colección Archivos ya ha dedicado varios ediciones a obras de autores de habla portuguesa. Lo interesante de todo esto es que, hasta cierto punto, este cambio algo inesperado se debe a un fenómeno típico de nuestra época: el poder de la publicidad internacional, basada en los medios de comunicación masivos y su inevitable *star-system*. Algunas obras brasileñas han salido de la penumbra en la que injustificablemente se encontraban a causa del relativo éxito de versiones cinematográficas que encontraron un público internacional. Y dos grandes novelistas brasileños van adquiriendo fama por medio de su descubrimiento, si no apropiación, por parte de figuras internacionalmente conocidas. Machado de Assis, por ejemplo, acaba de ser descubierto por Susan Sontag, y en términos publicitarios esto valdrá más que todos los trabajos publicados por estudiosos de las obras del formidable autor decimonónico, por brillantes que sean algunos de ellos. En el caso de Clarice, la "epifanía" tuvo lugar en el año 1979, cuando la teórica feminista francesa, Hélène Cixous, basándose en la ficción de la brasileña, empezó su serie de reflexiones sobre la morfología de la mujer. Súbitamente Clarice Lispector —ya muerta, desde luego— adquirió una fama inesperada en lugares donde antes de la fecha nadie se había dado cuenta de la existencia de la literatura brasileña. Desde entonces Cixous ha seguido con sus investigaciones, y ahora el nombre de Clarice Lispector se ha dado a conocer por el mundo entero.

Sin embargo, es imposible no tener ciertas reservas ante el secuestro de un *corpus* literario tan multifacético y polisémico por parte del feminismo francés. La obra de Clarice es a la vez más sencilla y más compleja de lo que pretende Cixous, y a pesar del feminocentrismo de gran parte de los cuentos y novelas, el enfoque investigador feminista, que se explaya en *l'écriture féminine*, se inclina hacia el exclusivismo y el reduccionismo. Por increíble que parezca, se trata de una suerte de simplificación, aunque recurriendo a lenguaje y conceptos densos y (a veces) difíciles de comprender.

Con la selección de *A Paixão Segundo G.H.* —indudablemente su obra maestra— para representar a la autora en la Colección Archivos, se evita demasiado énfasis en lo que ha denominado Julia Kristeva *parler femme*. A pesar de que publicó Cixous un ensayo sobre esta novela en 1979, es incontrovertible que el texto no sólo invita sino que exige lecturas variadas, y que el énfasis puesto en el discurso/marco patriarcal en las obras tempranas de Clarice ya no es tan llamativo. Ahora el concepto de la existencia no-auténtica se presenta claramente como tema universal; es posible que siempre lo fuera, pero en esta novela se trata más explícitamente de las "possibilidades ontológicas" (el término es de Olga de Sá, que forma parte del equipo investigador) del ser humano que del acondicionamiento social, emocional y biológico de la mujer. Es significativo que el nombre de la protagonista nunca sea divulgado, y que Clarice lo oculte "masculinamente" detrás de sus iniciales.

Como afirma el coordinador de la edición, "é patente [...] que o despojamento pessoal em G.H. neutraliza a diferença entre o masculino e o feminino" (xxix).

Junto con *A Paixão Segundo G.H.* se encuentra *A Bela e A Fera*, y también hay un facsímil de algunos fragmentos de la versión manuscrita de este mismo texto. Todo esto parece muy prometedor; además, el coordinador es Benedito Nunes, uno de los primeros en estudiar la obra de Clarice (*O Mundo de Clarice Lispector* data de 1965 y *Leitura de Clarice Lispector* de 1973), Antonio Candido ha contribuido una nota liminar, y el volumen empieza con un poema de João Cabral de Melo Neto, cuya sencillez engañadora ("Vamos voltar a falar na morte?") casi parece servir de detonador para los estudios sombríos que lo siguen. Con la adición de un buen equipo de investigadores (y lo hay) se supone que no podría haber problemas. Pero desgraciadamente esta edición sí tiene sus defectos, y aunque sean relativamente triviales, quizás valga la pena mencionarlos antes de indicar y subrayar sus cualidades.

Que sean triviales o superficiales aquéllos no quiere decir que no fastidien al lector/investigador. Indudablemente lo principal en una edición definitiva es que sea totalmente fiable, *accurate*, sin gazapos, y en este caso esto no se puede decir. Por ejemplo, según Antonio Candido (XVII) la primera novela de Clarice, *Perto do Coração Selvagem*, se publicó en 1943 (de hecho fue en 1944, y esta última fecha aparece en otros estudios en el volumen y también en la cronología). Luego, aunque no los he buscado —ni, desde luego, catalogado— me he fijado en un número de gazapos. Y hay repeticiones. En su breve recuerdo de Clarice como amiga, "A Difícil Definição", Olga Borelli reproduce unas cartas cortas pero reveladoras recibidas de la autora (xx-xxiii). Más tarde, resulta que las "Duas cartas a Olga Borelli" (304), son las mismas. Es de lamentar, también, que la editorial no utilice el sistema tipográfico convencional con el que todos estamos familiarizados. No es fácil leer la bibliografía, por ejemplo, porque no se emplea letra cursiva para los títulos de libros y revistas. Y en el texto mismo hay poca consistencia tipográfica: en algunas secciones tenemos citas en bastardilla, en otras no. El título de la lista de publicaciones críticas es un buen ejemplo de esta confusión, que además se encuentra en todo el libro y que debiera haber sido evitada: es "BIBLIOGRAFIA *DE* E *SOBRE A PAIXÃO SEGUNDO G.H.* DE CLARICE LISPECTOR" (307). (La bibliografía tampoco es completa, y es extraño que en la época del *fax*, del microfilm y del microfiche se mencionen trabajos a los que faltan ciertos datos — "dados não disponíveis", explican los editores. Una última queja (aún más trivial que las demás): en general, y para futuras ediciones, me parece que la disposición de las secciones debiera ser modificada. La importante "Cronologia" no es muy accesible, y hace falta verificar el número de la página en el índice cada vez que se la quiere consultar.

Sería mejor si todos los *dados* concretos (cronología, bibliografía, etc.) se encontraran juntos al final del volumen.

Pero hay que subrayar que todo esto importa poco comparado con las evidentes cualidades de la edición, especialmente cuando se tiene en cuenta la inexistencia de versiones originales de los textos. (De los veinticinco libros de Clarice sólo los primeros cuentos —publicados póstumamente bajo el título *A Bela e a Fera* (1979)— fueron encontrados cuando murió. Había también algunos fragmentos de obras, pero nada completo.) Como afirma Benedito Nunes, la desaparición de los borradores y primeras versiones "priva a presente edição da medula do seu aparato crítico" (xxxiv), pero al mismo tiempo esta circunstancia contribuye a nuestra visión de una autora siempre tan indiferente ante lo que tenía escrito que incluso se negaba a mirarlo, ni para corregir las pruebas, y que nunca escribió para un "posible lector": "é a coisa o que importa," solía decir (Olga Borelli, "Liminar" xxiii).

Obviamente, esta carencia de originales quiere decir que la reproducción del texto de *A Paixão Segundo G.H.* tendrá menos interés en esta edición que en las otras de la Colección Archivos, y que las anotaciones, proporcionadas por Olga de Sá, desempeñarán un papel relativamente importante. De hecho, el enfoque adoptado por esta crítica evita el feminismo para concentrarse en cuestiones contextuales y en una lectura bíblica/mística/metafísica muy apropiada, tanto para una escritora que, en las palabras de Olga Borelli, "vivia num atualismo místico" (xxiii), como para una narrativa extrañísima que fácilmente puede interpretarse como la investigación de un viaje místico, el "itinerário sacrificial de G.H." (Benedito Nunes, "Introdução do Coordenador" xxiv). Los tres estudios de este relato de la pasión (en el sentido bíblico) de una mujer, con su clímax —o epifanía— indicado cuando ésta se come una cucaracha, también enfatizan este enfoque, aunque de maneras bien distintas. El primero, "Paródia e Metafísica", por Olga de Sá, demuestra que por medio de la parodia no-burlesca y nada satírica, Clarice ha creado una protagonista que "chega ao irredutível, ao inexpressivo, ao não-ser, à desistência, ao nada. À imanência total, na qual Deus, o 'eu' e o mundo são uma coisa só" (214). En "O Ritual Epifânico do Texto", Affonso Romano de Sant'Anna también examina el itinerario hacia "o momento luminoso da epifania" (240), y, más idiosincráticamente que Olga de Sá, y recurriendo ecléctimente a varios puntos de comparación (como, por ejemplo, a Malevitch, que pintaba en blanco sobre un fondo blanco) y al concepto del rito, basa sus observaciones en la intertextualidad y en la teoría de las catástrofes: pre-catástrofe = pre-epifanía = ritos preliminares; catástrofe = epifanía = rito liminar; pos-catástrofe = pos-epifanía = ritos pos-liminares. En el último estudio, titulado "A Lógica dos Efeitos Pessoais: Um Percurso Discursivo às Avessas", Norma Tasca se dedica a una investigación de los mecanismos del lenguaje de la novela, que es "um meio de afrontar —de significar *a perda* [saca el término del texto mismo] de identidade ou a desintegração" en esta "*via crucis* subjetiva" (258). Como cualquier investigación semiótica, el artículo es de difícil lectura, pero cumple con su deber de iluminar el vínculo entre lenguaje y contenido en un proceso que en *A Paixão Segundo G.H.* va del silencio a la palabra para volver al silencio.

Como es usual en los libros de esta serie, hay también una sección titulada "História do Texto", donde Nádia Batella Gotlib contextualiza *A Paixão Segundo G.H.*, dando detalles de las demás novelas y los cuentos e investigando la relación entre ellos y el presente texto; y Benjamin Abdala Júnior y Samira Youssef Campdelli han compilado las "Vozes da Crítica", que incluyen referencias a la recepción de todos los escritos (con algunos juicios muy negativos en el caso de la obra temprana) y, como si quisieran subrayar la importancia de la publicidad, al éxito de la película de Suzana Amaral, *A Hora da Estrela*, que ganó el Oso de Plata en el Festival de Berlín en 1986. Finalmente, hay —como siempre— el "*Dossier* da Obra", esta vez bastante limitado a causa tanto de la imposibilidad de encontrar la versión original de la novela como de la natural reserva de la autora. Sin embargo, se reproduce una entrevista con ella, que data del 1976, y algunos fragmentos interesantes del "Fundo de Gaveta".

Me habría gustado saber más sobre la autora misma, sobre sus crisis y su vida con los demás: familia, amigos y el público, pero aún sin ello no cabe duda de que este volumen constituye un aporte valioso al estudio de la obra de Clarice y de la de todo el continente. Su lectura nos anima a volver a los textos mismos, y eso es lo principal.

University of Pittsburgh PAMELA BACARISSE

JOSÉ MARÍA ARGUEDAS. *El zorro de arriba y el zorro de abajo*. Edición crítica. Eve-Marie Fell, coordinadora. París/Madrid: Colección Archivos Nº 14, 1990.

En las primeras líneas de la "Introducción" a su edición crítica el *Zorro de arriba y el zorro de abajo*, la novela póstuma de José María Arguedas, Eve-Marie Fell recuerda las circunstancias del suicidio del autor; ocurrió a finales de 1969, cuando el Perú "había entrado en la *primera fase* de un régimen militar que habría de cubrir un decenio, y su entierro, aunque seguido por una imponente muchedumbre, no dio lugar a las ceremonias y homenajes oficiales que se podían esperar, tratándose de uno de los creadores peruanos más originales desde Vallejo" (xxi). Puede decirse que con ese mismo multitudinario entierro comenzó tanto la mitificación de Arguedas como la deformación de su figura intelectual: el "secuestro" del cadáver de un gran escritor no esperó siquiera a que la tierra sobre su tumba estuviera seca. Lo puedo decir con algún derecho: yo estaba entre los concurrentes a ese entierro. Los motivos de esta extraña historia están íntimamente ligados al libro cuya edición motiva este comentario; es más: impregnan las mismas páginas de esa torturada y reveladora novela. Creo, por lo tanto, que debo comenzar dando mi testimonio personal del último Arguedas.

1. *Testimonio*

Cuando un personaje importante muere (y más en las circunstancias en que ocurrió la muerte de Arguedas), saltan al primer plano los que se reclaman amigos íntimos y herederos legítimos de su pensamiento o acción. No reclamo esos títulos: no puedo llamarme amigo *íntimo* de Arguedas (como lo fueron, entre otros, el poeta Emilio Adolfo Westhaplen, el lingüista Alberto Escobar, y en los últimos años, los críticos Pedro Lastra y Ángel Rama), pero sí tenía con él una relación amistosa que duró largos años y que pasó por diversas etapas. Fue un vínculo entrecortado por largas pausas pero siempre renovado; Arguedas vivía además en las afueras de Lima, lo que hacía difícil poder verlo con frecuencia. Solía encontrarlo en las siempre cálidas reuniones de la llamada "Peña Pancho Fierro" (el nombre era un homenaje a un artista popular del siglo XIX), que era el refugio que Celia Bustamante, su primera esposa, y Alicia, su cuñada, mantenían abierto para que Arguedas pudiera reunirse y dialogar con escritores, artistas, simples amigos e intelectuales de las más diversas tendencias. Allí estuvieron alguna vez Christopher Isherwood, Pedro Salinas, León Felipe, Louis Jouvet, Rufino Tamayo, Carlos Fuentes, Pablo Neruda y tantos otros; allí, los limeños podíamos admirar, sin necesidad de viajar a los pueblos de la sierra, la más notable colección de arte popular que había en la ciudad; allí escuché música andina que nunca antes había escuchado y vi bailar la acrobática e hipnótica danza de tijeras que él inmortalizaría en su cuento *La agonía del Rasu Ñiti*. La Peña era un lugar de encuentro de personas, pero también, y sobre todo, con un Perú marginal que muchos apenas conocíamos.

Mi amistad con Arguedas comenzó hacia 1958, el año de *Los ríos profundos*, su más admirable novela. Yo había escrito una nota sobre el libro y Arguedas me llamó por teléfono, muy conmovido, para agradecerme; pocos meses después viajábamos juntos, en un vapuleado avión militar argentino a Buenos Aires, junto con Ciro Alegría. En el hotel, compartí un cuarto con Arguedas; la convivencia forzada entre un insomne crónico como él y un soñador de densidad casi cataléptica como yo, dio origen a situaciones divertidas o grotescas, que fortalecieron nuestra relación. Arguedas me enseñó cómo librarse de las moscas que revolotean e impiden el sueño, cómo evitar que alguien ronque. Otro viaje posterior, esta vez a Chile, me permitió conocerlo todavía mejor. Arguedas, debido a su neurosis, era capaz de pasar de un período de exaltación a otro de aguda depresión; podía ser el hombre más taciturno y aprensivo (pensaba que la fruta fresca era peligrosa para la salud), o el más tierno, abierto y entretenido. (Poco o nada se ha dicho sobre el humor de Arguedas, humor fresco y áspero como un manantial andino, que me permitió entender muchas cosas de él). Fue así que me hizo confidencias, cuya misma naturaleza privada no creo que me autorice a revelarlas aquí. Quizá me las hizo porque yo era más de veinte años menor que él y pensaba que una persona joven podía escucharlas sin comprometerse ni comprometerlo. Sin haberlo visto mucho a solas, y sin saber mucho de sus años juveniles, me parecía conocerlo bien.

De hecho, la última vez que lo vi vivo fue por circunstancias que tenían relación con la crisis que lo llevaría finalmente al suicidio (lo había intentado dos veces antes, en 1944 y 1966). Nunca he contado esta historia, pero la cuento ahora porque considero que muestra las complejidades de su enfermedad psíquica y su pulsión suicida. Un día atendí una llamada desde Chile; era Pedro Lastra que había recibido una carta personal de Arguedas y estaba alarmado por su tono deprimente y autodestructivo. Lastra temía lo peor y me pedía buscar a Arguedas de inmediato para asegurarse de que estaba bien. Lo hice; con ayuda de un amigo logramos comunicarnos telefónicamente con él y, usando algún pretexto, lo hicimos venir a Lima. Nos reunimos en mi departamento; Arguedas parecía estar pasando precisamente por uno de esos momentos de exaltación: nos contaba chistes, hablaba de algunos proyectos, algún viaje. Aprovechamos ese buen talante para plantearle la cuestión que nos había trasmitido Lastra, confiando en que todo era una falsa alarma o que la mala racha ya había pasado. Arguedas oyó la historia y con voz contrita exclamó: "¡Pero que bruto soy! ¡Cómo puedo haberle escrito esa carta así a Pedro! Lo he preocupado en vano porque no hay nada de eso; son cosas que uno escribe en un mal momento, pero nada más...". Prometió escribirle una carta a Lastra, para aclarar las cosas y tranquilizarlo. Nos creímos toda su versión de los hechos. Seguimos conversando de otras cosas más por un buen rato. No podía imaginar que no lo volvería a ver: poco tiempo después se disparó un tiro en la sien en su despacho de la Universidad Agraria, donde trabajaba.

Como recuerda la profesora Fell, eran los años de la "revolución militar" del Perú, que había despertado la ilusión de un cambio radical en la actitud política de las fuerzas armadas y en la situación de la masa indígena del país. Esta ilusión se desvanecería rápidamente y lo que quedaría no sería más que otra versión del autoritarismo militar de costumbre. Pero en esa época (1968-69), el insólito experimento político por el que el país atravesaba no sólo había provocado una profunda crisis nacional: había sacudido lo más hondo del espíritu de Arguedas, como lo prueba un artículo periodístico de 1969 incluido en el *dossier* de este libro. Lo que en teoría el gobierno militar estaba intentando era rescatar el mundo indígena de su olvido y postración seculares, y colocarlo en el centro de la vida política. Aunque luego descubriríamos que tras el intento no había sino una cruda manipulación de la causa campesina, Arguedas no podía saberlo; todo lo que sabía era que *ésa* era su misma causa, pero que había problemas insuperables: no eran los campesinos mismos los que habían iniciado esa campaña, y él no era capaz de ponerse al frente. Fueron años de terrible confusión para Arguedas, aun en el plano más íntimo, pues se había divorciado de Celia para casarse con Sybila Arredondo, de origen chileno; un fracasado intento de suicidio anterior había coincidido con este difícil pasaje de su vida, que no sólo significaba romper con el vínculo personal, sino con el mundo que representaba la Peña, del que tuvo que apartarse.

Pero lo más grave era que los acontecimientos políticos parecían desbordar su visión del mundo indígena, al que lo ligaba el más entrañable afecto y una honda identificación cultural. Arguedas no fue, salvo al comienzo cuando sufrió cárcel por sus actividades políticas, un escritor *militante*. De hecho, había llegado a criticar con cierta dureza la misma interpretación del problema indígena elaborada por José Carlos Mariátegui y la versión literaria de los "indigenistas" de su generación. En un trabajo titulado "Razón de ser del indigenismo en el Perú",[1] Arguedas se refiere a la visión esquemática que Mariátegui ofrece del indio, y comenta:

> El gamonal es presentado con expresión inhumana y feroz, y muestra al indio o en su miseria o en sus virtudes. Pasado el tiempo, esta obra aparece como superficial, de escaso valor artístico y casi nada sobrevive de ella, pero cumplió una función social importante (195).

La obra narrativa madura de Arguedas debe considerarse un esfuerzo por criticar precisamente esa visión, contradecirla y superarla con otra, en la que la fácil dicotomía señalada queda absorbida por una comprensión abarcadora de los conflictos sociales y culturales que caracterizan a un país mestizo y multirracial como el Perú; ese afán quizás esté indicado en el mismo título de su penúltima novela, *Todas las sangres*, de 1964. Así, el problema indígena quedaba integrado en un complejo tejido de tensiones y fuerzas colectivas, de las que la clásica oposición gamonal-indio era sólo una parte y de perfiles menos simplistas de lo que los "indigenistas" habían creído. Arguedas era sensible a la injusticia esencial de las relaciones sociales en el mundo andino, pero no abogaba por una solución radical o revolucionaria, quizá porque veía que cualquier esfuerzo por "modernizar" el ámbito indígena era una violación de normas, hábitos y creencias ancestrales, de las que él era celoso defensor. La cultura andina era, para él, un mundo que, a pesar de su atraso y su violencia endémica, era una realidad sagrada, una arcadia fabulosa donde el hombre había alcanzado una reconciliación con los dioses y la naturaleza. Arguedas veía que el cambio de esa sociedad era inevitable, y al mismo tiempo lo temía porque exponía esa sociedad antigua a contactos que podían destruirla; un poco como el Inca

---

[1] José María Arguedas, *Formación de una cultura nacional indoamericana*, Edición y prólogo de Ángel Rama (México: Siglo XXI, 1975), 189-197.

Garcilaso, interpretaba el mundo andino a través de una especie de utopía arcaizante y retrospectiva.

Arguedas vivió constantemente desgarrado por este dilema y, como fue incapaz de superarlo, sintió que era mejor eliminarse. No digo que ésa fue la única razón que lo impulsó al suicidio: digo que fue el detonante en esas circunstancias históricas. Sabía que no podía encabezar u orientar ningún movimiento proindigenista, a despecho de ser él mismo culturalmente un indio, nunca del todo bien asimilado a la realidad urbana de Lima. Y al mismo tiempo sentía que otros estaban asumiendo ese papel y que le era tan difícil criticarlos como colaborar abiertamente con ellos.

Todo esto puede ayudar a explicar mi asombro —más bien: mi escándalo— cuando, en la ceremonia del entierro, vi el ataúd envuelto en un bosque de banderas rojas, escuché los acordes de la Internacional y los flamígeros discursos de los líderes estudiantiles y políticos que exhibían sin tapujos todos los matices —maoístas, moscovitas, procastristas, "foquistas"— de sus bizantinas divisiones ideológicas. La desfiguración de su legado literario e intelectual no hacía sino comenzar, justamente a manos de los que de inmediato se proclamaron sus herederos. Hoy su nombre es el santo y seña de los sectores más extraviados de la izquierda peruana y —gran ironía— colocado al lado del de Mariátegui en el santoral marxista. Algunos incluso han llegado a acercar ese legado al evangelio sangriento de la secta "Sendero Luminoso", responsable por más de veinte mil víctimas, muchas de ellas indígenas y campesinos. Arguedas no podría creer la inmensa distorsión a la que indujo su suicidio.

2. *Comentario*

El zorro de arriba... es un relato que está íntimamente vinculado a esa crisis y a ese dilema intelectual y estético; es más: lo expresa del modo más dramático y doloroso. Esta novela es insólita en el *corpus* arguediano: es su único relato autorreferencial, porque, siendo una novela frustrada e inconclusa, convierte la imposibilidad de escribirla en su gran tema. Es un libro que fracasa y que nos habla desde ese fracaso; en su expresiva tronchadura, dice algo importante sobre Arguedas y sobre las relaciones entre arte y sociedad, relaciones siempre en conflicto, pero que en el Perú de entonces tenían una particular y aguda significación.

El lector debe recordar que la novela está ambientada en Chimbote, un puerto en la costa norte del Perú, que conoció su apogeo —y luego la inevitable decadencia— como centro de la pesca industrial en la década del 60. Con su expansión económica, Chimbote se convierte en un foco de atracción para miles de trabajadores de todas partes del Perú y, así en un crisol de sus tensiones sociales, raciales y culturales. Es una nueva tierra de promisión pero también un infierno, un símbolo de esperanza y un antro de abyección. Pero, como es característico en toda su obra y aun en un relato como éste cuyo eje no es el mundo andino, el testimonio de la realidad objetiva es sólo una parte de lo que el autor nos ofrece; la otra es un plano mítico-religioso que constantemente envuelve y afecta la marcha de la acción. Mundo de hombres y dioses, de anhelos mesiánicos y seres caídos, pares opuestos que están aludidos por los "zorros" del título.

Estos zorros no sólo parecen responder al dualismo propio de la cosmovisión quechua; también reflejan la poderosa influencia que en la concepción novelística de Arguedas tuvieron las imágenes de *Dioses y hombres de Huarochirí*, narración quechua recogida por Francisco de Ávila (¿1598?), traducida y estudiada por el autor. Sin embargo, el rasgo más distintivo de la novela es otro: la presencia de cuatro diarios (el último se titula "Último diario?", cuya anotación final está fechada el 22 de octubre de 1969, o sea dos meses antes del suicidio), intercalados en el relato para documentar su doble agonía de escritor y de ser humano. *El zorro*... es el testamento de Arguedas y es difícil leerlo sin separar la ficción de la realidad y al mismo tiempo no percibir la paradoja de que la única forma de acabar con la novela será acabar con su vida. Libro difícil (y hasta frustante) de leer y de someter a estudio crítico.

Eso es lo que han intentado hacer Eve-Marie Fell y sus colaboradores en esta importante edición crítica de la obra. Tras una paciente y minuciosa tarea de investigación, la coordinadora ha presentado, por primera vez, el texto arguediano advirtiendo y anotando errores de compaginación del original, haciendo otras correcciones e incorporando las variantes textuales de un manuscrito particularmente confuso. En su "Introducción" hace algunas aclaraciones y observaciones críticas dignas de mencionarse. Señala por ejemplo, que la presencia de los "diarios" en la novela, aunque iniciados por razones terapéuticas como el mismo Arguedas dice, no son inserciones *a posteriori*, sino que configuran "otra narración paralela", "un cambio narrativo premeditado" (xxii) que corresponde a los momentos críticos de su elaboración. Jamás

Arguedas, un narrador esencialmente autobiográfico, había usado antes este tipo de recurso y menos con la perturbadorra franqueza que alcanzan aquí; "Voy a escribir sobre el único tema que me atrae: esto de cómo no pude matarme y cómo ahora me devano los sesos buscando una forma de liquidarme con decencia". Muy acertadamente, la profesora Fell compara la obra con *Hijo de hombre* de Augusto Roa Bastos, "otra novela entrecortada por un diario agónico" (xxiii). En las líneas finales de su texto principal, la coordinadora apunta sus razones —varias de las cuales me parecen válidas— para afirmar que *El zorro* ... es un relato moderno, con múltiples "rupturas discursivas" y con disyuntivas sin solución: "antagonismo del fango y de la espiritualidad, de la maquinaria y del animal fabuloso, de la sabiduría y el provecho, de la magia y de la lucha de clases, rupturas vitales de los desplazados, explotados, moribundos y prostituidos ..." (xxvii). Lo que no comparto es la propuesta que precede precisamente a este pasaje: la de que, al juzgar esta obra, es mejor dejar de lado "los enjuiciamientos estériles —¿quién puede distinguir en *El zorro de arriba* ... los logros y los fallos, y menos aún la fecundidad de unos y otros" (*ibid.*). Aceptar esa propuesta, significaría otorgar a la novela un status especial e intocable, a la que no tiene, pese a su condición inconclusa, más derecho que otras; la cuestión estética que plantea la novela es tan importante como la social, ideológica o psicoanalítica. Al fin y al cabo, Arguedas quiso escribir una novela, no un mero documento. Y esa cuestión no puede quedar olvidada.

Siguiendo los lineamientos generales de la Colección, el aparato crítico que acompaña el texto principal se divide en tres secciones: la que traza la historia o sea la génesis y recepción de la novela; lecturas críticas de la misma; y un *dossier* documental, aparte de un glosario realizado por Martin Lienhard. La primera sección se abre con un detallado cuadro sinóptico que incluye datos biográficos, contextos literarios y circunstancias políticas; y se completa con tres trabajos críticos de muy diversa intención. El de Sybila Arredondo de Arguedas es, a pesar de su abusivo tono propagandístico (convierte a Arguedas en un profeta de una apocalíptica guerra popular), es un valioso trabajo de documentación, que presenta varios pasajes ignorados de su epistolario personal y que ayuda a colocar la novela póstuma en el contexto de la crisis intelectual del autor. Por su parte, Antonio Cornejo Polar lo encuadra en el doble marco de la literatura peruana y de la cultura andina. Subraya, por un lado, la estructura dicotómica —realmente fracturada— de su visión y, por otro, su conciencia de funcionar como un puente o nexo entre las dos culturas que, opuestas, conviven en el Perú. En el caos y la desigualdad de la sociedad nacional, Arguedas se esfuerza por mantener viva la utopía regeneradora, intento de salvación personal y colectiva que queda al final truncada. Roland Forgues ofrece su propia versión de esa misma disyuntiva, pero la interpreta desde un ángulo más político que literario. No le falta razón cuando señala las diferencias que separaban a Arguedas de la izquierda peruana, y que, pese a las declaraciones y adhesiones ideológicas de sus últimos años (a la revolución cubana, a la lucha agraria de Hugo Blanco, etc.), sus razones eran "mucho más afectivas que teóricas" (315). Habría que agregar que esa debilidad teórica es común a gran parte de sus pronunciamientos políticos: las demandas de la hora siempre exigían de él algo que expresaba mucho mejor por vía estética. La breve nota sobre "el destino de la obra" de la profesora Fell es una puntual revisión de cómo ha evolucionado la valoración crítica del texto en cuestión.

Las lecturas críticas de la novela son cuatro. La de Lienhard vincula *El zorro* ... a la novela urbana de vanguardia, con la que comparte las técnicas de fragmentación y yuxtaposición, que reproducen la concentración y el caos humano de la metrópolis. Pero agrega algo más, a lo que me he referido al comienzo: la presencia de lo mágico, que postula la posibilidad de un orden en medio de la asfixiante confusión urbana. A William Rowe le interesa sobre todo el nivel simbólico del texto: el que configuran la luz y el sonido, el erotismo y la constante presencia de la muerte, el horizonte mítico enfrentado a las leyes de hierro del capitalismo, etc. José Luis Rouillón se concentra en la simbología de raíz cristiana que permea el texto; estudia el "eje vertical" y el "eje horizontal" apuntados por Escobar en la novela; y atiende a la presencia de valores como el de la solidaridad y el de la caridad. La de Edmundo Gómez Mango es una lectura psicoanalítica, según la cual la novela es un intento de exorcizar la muerte conjurando otra vez las agotadas fuerzas de la creación y el vigor del quechua materno. "Inventar una *lengua nueva* para resucitar, re-animar una lengua maternal ya muerta" (368), es un esfuerzo desesperado para salvar algo del impulso autodestructor que lo domina.

Al final se agregan una serie de valiosos documentos del escritor asociados a su etapa final, y una bibliografía activa y pasiva preparada por la coordinadora. Todo esto hace de su edición un trabajo exhaustivo y coherente sobre una obra de extraordinaria complejidad. Pero aunque sea difícil superar este trabajo por su devoción, rigor y variedad de enfoques, me temo que la tarea de interpretación de la novela no termina aquí. Hay muchas claves privadas y oscuras que permanecen enterradas en el texto, cuya dificultad reside en que eran también ambiguas y contradictorias para el propio Arguedas. Son el testimonio de su lucha por hacer que la emoción humana que traspasaba su obra, fuese primero una vía de revelación y luego de comunión profunda con el mundo perdido junto con su infancia andina. Pocas novelas de nuestra lengua pueden superar el sentido trágico de ésta.

University of Pennsylvania JOSÉ MIGUEL OVIEDO

JOSÉ REVUELTAS: *Los días terrenales*. Evodio Escalante, coordinador. París/Madrid: Colección Archivos Nº 15, 1991.

REVUELTAS: NOSTALGIA Y ACTUALIDAD

Los días terrenales es el texto más polémico de José Revueltas (1914-1976), novela política cuya publicación en 1949 sacude a la intelectualidad mexicana. Evodio Escalante la escoge para la Colección Archivos como texto representativo del prominente teórico marxista más importante de ese país. La destaca de entre una prolífica producción político-literaria que abarca novelas, cuentos, ensayos, textos dramáticos y guiones cinematográficos. El editor interpreta *Los días terrenales* como el resultado de la preocupación del autor por crear la moderna novela realista de México. Se trata, "por lo menos en la literatura de Revueltas, de su producto más alto, más equilibrado y de mayor madurez." Esta edición es una revaloración y reinvidicación del escritor mexicano y su obra.

El argumento básico de *Los días terrenales* se da en torno a dos personajes, Fidel y Gregorio, que representarán dos posturas dentro de la militancia del Partido Comunista Mexicano, PCM. Fidel defenderá una posición fija, dogmática, que finalmente lo deformará en cuanto ser humano. Gregorio, en cambio, se irá transformando de manera heroica para aceptar, desde su visión comunista, la condición existencial del ser humano. Desde su inquérito rechaza valores o dogmas absolutos. Reconoce la soledad básica del individuo en la sociedad, su libertad y responsabilidad de elección y su compromiso para luchar con y por los otros.

Los días terrenales está circunscrita a su tiempo y espacio, y hasta quizá fue profética. Técnicamente es una novela de tesis, es decir, el narrador elabora un discurso didáctico que busca ilustrar la validez de una doctrina, en este caso política y filosófica. El contenido político prejuició, en 1949, todo estudio o valoración estética sería de esta obra. La visión existencial que sustentaba contradecía la corriente del realismo socialista, y formulaba una interrogante en el debate de los límites expresados por el escritor y su obra. El texto causó, obviamente, un escándalo por su fuerte crítica al estalinismo del PCM y sus miembros lo rechazaron de inmediato. Criticaron el ataque frontal que hiciera Revueltas a cierta militancia dogmática y condenaron la supuesta visión "decadente", "existencialista" que plasmaba la novela.

La condena más fuerte sería la de Enrique Ramírez y Ramírez. En su artículo de 1950 "Una literatura de extravío", incluído en esta edición, ataca la novela por tener "muy poco o nada de realismo auténtico", por ser una novela panfletaria en que "la trama novelística, el relato, la aparición y el carácter de los personajes, están por entero subordinados a las necesidades del alegato filosófico." (338) El crítico es perspicaz al leer la novela como *roman a thèse*, género que tenía vigencia, especialmente en Francia entre escritores como Sartre, Malraux, y Mauriac, entre otros. Si rechaza la novela no es tanto porque condena al género didáctico sino a la visión que sostenía, ideología que no concordaba con la de este representante de la izquierda ortodoxa en México. Impugna, en la obra, lo que él ve como la deformación de la realidad, la presentación distorsionada que hace de miembros del partido, y del proletariado, el uso de la pseudofilosofía existencialista, el nihilismo, el cuestionamiento de verdades absolutas, su caída en el irracionalismo, y su distanciamiento del pensamiento materialista, racionalista y humanista.

La crítica, como señala Leopoldo Zea en su estudio liminar, no sólo se detiene en México, sino que también suscita opiniones fuertes como las del poeta chileno Pablo Neruda que devasta a Revueltas: "De hoy en adelante, el apellido Revueltas no es uno. Silvestre, el músico, es el Revueltas del pueblo, que el pueblo recordará como uno de los defensores y amigos. Pepe, el escritor, es el Revueltas de la parte más corrompida de la sociedad. La odia, pero en el fondo intenta desarmarla contra ella, pero en el fondo es su avergonzado apóstol." (xvii) Las críticas fueron tales que Revueltas convencido de su error, optó por retirar la obra de circulación. Además suspendió las presentaciones de su obra teatral *El cuadrante de la soledad* que agudizó el debate.

Más que ningún otro escritor mexicano de este siglo José Revueltas quisiera devenir un escritor dialéctico, poner en práctica sus creencias políticas en su vida diaria y en su literatura. Respondería así a la angustia de todo escritor que se enfrenta con su vocación a la militancia y la creación o la contemplación, a las contradicciones de la realidad que lo envuelve. El mismo Revueltas piensa y acumula su conclusión "en el lado moridor". Su política y sus escritos teóricos no se pueden separar de su ficción. Su producción narrativa está arraigada en su praxis política, y en las experiencias que tuvo a causa de ella: luchas, encarcelamientos, expulsiones, marginación. En cuanto marxista rehusó entregarse a tendencias estéticas que desviaran su atención de los problemas concretos que le rodeaban. Para él, la novela necesariamente conlleva al compromiso político. En 1946 en el número 128 de *Letras de México* afirmó que, para él, la novela necesariamente se define por su compromiso político. No es "una isla separada de ese territorio cívico, histórico, biográfico, autobiográfico ... emocional que es el construir un país, una piedra para nuestra planta, un punto para lanzar hacia los demás hombres de la tierra la parte de voz que de ellos llevamos dentro de nosotros." Escalante en su introducción enfatiza su otro compromiso, el estético. Afirma, "Revueltas es todo lo contrario del escritor conformista al que le basta saber que la literatura ha de subordinarse ante las tareas que le impone la Gran Política ... no quiere limitarse a reflejar la praxis política de su tiempo: también intenta separarse de ella para erigir un testimonio de un profundo valor autocrítico." (xxi) La vida de Revueltas, no cabe duda, se da en lucha constante entre ideología y estética, entre su postura como artista y como ser humano.

Los colaboradores de esta excelente edición crítica buscan darle sentido a las contradicciones vitales de Revueltas como escritor, y la manera que éstas se recrean en su literatura, en especial en *Los días terrenales*. Esta novela, exige un conocimiento no sólo del contexto histórico que recrea sino del momento histórico que la genera, ambas bien logradas en este texto. Las notas filológicas al texto, de Andrea Revueltas y Philipe Cheron, editores y compiladores de la obra completa del escritor, nos proporcionan un esquema de trasfondo muy útil para su lectura. Luego, los colaboradores presentan dos tipos de ensayos. Aquellos centrífugos que parten de lo histórico-político, socio-biográfico para contextualizar la lectura; y los centrípetos que buscan, desde la literariedad del texto la lectura de su visión del mundo. Estos lectores, consciente o inconscientemente, reconocen la naturaleza de este género didáctico que se define precisamente por la tensión o competencia que establece en el discurso entre la función comunicativa (la lectura del mensaje), y la función poética (lectura de la expresión del mensaje). Ya sean más políticas, o más literarias, las lecturas de los colaboradores se complementan y presentan así una edición imprescindible para el estudioso: de Revueltas, de *Los días terrenales*, de la literatura mexicana, y de la novela de tesis como género.

El texto está dividido en tres secciones. La primera contiene: una nota liminar de Leopoldo Zea; la introducción del coordinador; y una nota filológica de Andrea Revueltas y Philipe Cheron. La segunda parte consiste en el texto de la novela, acompañada de notas explicativas. La tercera parte *Historia del Texto* contiene dos ensayos, el de Evodio Escalante "Circunstancia y génesis de *Los días terrenales*; y el de Theophile Koui "Los Días Terrenales: La novela de la herejía"; y un Cuadro Cronológico Sinóptico. La cuarta sección da paso a las lecturas del texto y en éste se encuentran tres estudios de análisis textuales: "*Los días terrenales*, un debate" de Florence Olivier, "*Los días terrenales* a través del prisma intertextual de Edith Negrin y "Destino terrenal y redención de la existencia por el discurso", de Marta Portal. La quinta sección, un tipo de apéndice contiene "Primeros esbozos manuscritos, 'Antonio Machado'" de José Alvarado y "Sobre una literatura de extravío" de Enrique Ramírez y Ramírez. La sexta sección tiene una extensa bibliografía de textos de y sobre Revueltas.

La nota liminar de Zea busca dar la pauta para la lectura de Revueltas al compararlo con Dostoievsky, autor admirado por Revueltas, y en cuya naturaleza llena de contradicciones se reconoce. Se identifica además, dice Zea, con los personajes endemoniados del autor ruso porque "sabe que la vía a la verdad que está en el pueblo es el sufrimiento," y que "sólo el hombre que sabe sufrir por otros y acepta el sufrimiento para tener el derecho de remitir a otros hombres puede comprender a su pueblo." (xviii) Ese sufrimiento, y ciertamente Revueltas lo encarna a través de experiencias propias, le da la autoridad para hablar en nombre del pueblo.

Escalante, en su análisis, privilegia el valor documental y testimonial de la novela, es decir, su adherencia a una realidad histórica muy específica. Merece igual atención la visión política y de disidencia que desemboca en un final que rechaza finales utópicos o respuestas reconfortantes. Para él, Revueltas es el escritor fiel a su visión y misión, el que se atreve en 1949 a hacer la crítica al estalinismo, adelantándose "a la denuncia de los crímenes de Stalin', y del llamado 'culto a la personalidad' que hiciera Nikita Jruschov en su 'informe secreto' al XX Congreso del Partido Comunista de la Unión Soviética, celebrado siete años más tarde, en 1956." (xxvii)

La parte más lúcida y novedosa del ensayo de Escalante se revela en el estudio cotejado sobre cuatro manuscritos encontrados entre los archivos del autor, y que trazan la evolución de la escritura de la novela. A través de estos manuscritos, Escalante señala los problemas con los que se enfrenta Revueltas al escribir un texto cuya coherencia formal y semántica era esencial por la crítica que formulaba. De los hallazgos más brillantes, según Escalante, fue el de visualizar a Gregorio como un personaje en el que se funden dos vocaciones antagónicas: la del organizador revolucionario y la del artista plástico. "El que transforma y el que contempla quedan soldados en un solo sujeto ... Gracias a su formación artística, Gregorio puede 'distanciarse' y ver con otros ojos su posición de militante revolucionario." Y al revés: "gracias a su compromiso revolucionario puede 'leer' de otra manera los mensajes artísticos ..." El relativismo de la novela se mantiene en la tensión que se establece entre doctrina y arte. Por medio de él se hace la crítica al partido, de manera explícita, y al muralismo oficial de la época, de manera implícita.

Para Escalante, *Los días terrenales* constituye la obra magna de Revueltas. Según él en ella, la tercera novela, Revueltas se distancia totalmente de cualquier vínculo con el realismo socialista, presente en *El luto humano*, en la figura de Natividad, la encarnación del "hombre nuevo." *Los días terrenales* trasciende su carácter de documento histórico y se convierte en arte al rechazar un final utópico, que destacará la confianza ciega en las masas, y en las enseñanzas docrinarias sugeridas por el partido. Indudablemente *Los días terrenales* es una obra cuyo mérito literario es, hoy día, incuestionable. No porque rechaza, necesariamente, una conclusión prototípica del realismo socialista, esto no garantizaría una excelencia estética. Su valor estético radica, como ya el mismo Escalante menciona, en la integración lograda de forma y contenido. Tampoco la presencia de Natividad o la de un pueblo con su utopía, que por cierto, en el presente de la narración, se elaboran como ausencias, como vislumbres de un futuro cuestionable, le resta valor a la obra. Más bien, la falta de resolución de estas contradicciones, le otorga al discurso apertura, y plurivalencia.

El artículo de Koui busca interpretar la novela más allá de su contenido. Establece su calidad artística como obra "política" original "producto de una experiencia viva, captada desde las desgarraduras de una vida dedicada a la búsqueda de un futuro humano liberado de la alienación."(216) Insiste en el acto inconformista y heroico de Revueltas en cuanto rechaza, por conservadora y reaccionaria, la estética del realismo socialista en su período de auge. Detalla la polémica desatada al publicarse *Los días terrenales*, el debate ideológico y filosófico de la época, y el diálogo que establece la novela con el trotskismo y el existencialismo. Lo más iluminador de su artículo constituye el estudio de la composición de la obra como novela de ideas que privilegia la inserción del discurso ensayístico dentro del discurso narrativo. Según el crítico esta estrategia niega formalmente una lectura unívoca de la realidad sociohistórica. La novela, según Koui, mantiene una estructura dialógica que permite al lector ingresar, y escuchar, todas las posiciones dentro del debate. Ciertamente, hace del lector un participante activo. Señalemos, empero, que las reflexiones teóricas están bien dirigidas por un narrador implícito que hará clara su posición dentro del debate, y que espera convertir al lector.

Florence Olivier, en su análisis metódico sobre la composición de la obra, utiliza las teorías de Gerard Genette sobre el uso del monólogo interior, o la focalización interna múltiple, como estrategias narrativas, que hacen del lector partícipe de la pluralidad de puntos de vista del debate. Esto privilegia la ubicación del lector, puesto que éste sabrá más que ningún personaje, y por ende, podrá desenmascarar a los falsos héroes para eventualmente identificarse con el auténtico. De allí que la polarización de los personajes, entre positivos y negativos, sea necesaria para configurar la visión que busca plasmar el narrador. El lector asiste a los debates interiores, aunque es el narrador, el moderador del debate, el que decide cuales personajes saldrán privilegiados. Nótese que Gregorio tampoco es el protagonista tradicional o clásico, sino necesariamente el anti-héroe moderno que vive en un mundo sin respuestas fijas, y que se define, en cambio, por las preguntas que se hace.

Olivier, como Escalante, destaca la superioridad de *Los días terrenales* sobre *El luto humano*. Dice: "La estructura global de *Los días terrenales* posee un alto grado de coherencia ... De esa manera, mediante una multiplicidad de procedimientos literarios, el relato toma posición muy claramente, a diferencia de lo que ocurre en *El luto humano*, texto que se corrige sin cesar, supervisado por intervenciones del narrador-autor. En *Los días terrenales*, en cambio, el autor adopta la función de un escenógrafo-director gracias a la instancia narrativa omnisciente. No hay una corrección del relato, sino una dirección." Este director, pensamos, representa la autoridad, el narrador-autor implícito en el texto, aquél que formula la tesis que quiere ilustrar. Lo hace a través del contrapunto, recurso que ánima los diálogos que mantienen los personajes consigo mismos, y los que entablan con los demás. No hay que confundir, sin embargo, la perspectiva con el punto de vista narrativo. A pesar de los múltiples puntos de vista la perspectiva de la novela es unívoca. Su cierre narrativo, "alto grado de coherencia" y "toma clara de posición" que le atribuye Olivier es para hacer evidente el mensaje. Excelente novela de tesis es, fiel al género, un discurso monológico.

El ensayo de Negrin busca dilucidar la novela de Revueltas aclarando las influencias y afinidades de escritores y obras que ella percibe como posibles intertextos. Menciona y estudia a: 1) el filósofo ruso León Chestov, que resumió el pensamiento central de Dostoivesky —la duda sobre la facultad cognoscitiva de la razón; 2) Blaise Pascal y su uso de la paradoja para plasmar una visión trágica del mundo; 3) François Mauriac cuya visión degradada del ser humano se manifiesta en la animalización de los personaje; 4) José Alvarado quien pensó que la aspiración a una sociedad sin clases no es para hacer a los hombres felices, sino libremente desdichados; 5) Federico Engels que propone leyes históricas y no eternas; y finalmente a 6) Arthur Koestler obviamente por su literatura antiestalinista.

Marta Portal hace una lectura mítica que enriquece el texto y permite un análisis simbólico y formal desde el cual se aprecia la complejidad intertextual de la novela y sus múltiples niveles de significación. Su lectura sigue la trayectoria del héroe clásico, rito de iniciación que lleva al protagonista desde su estado inicial de caos y oscuridad hasta la revelación iluminadora del final donde toma conciencia de su condición humana. El retorno al origen pre-engendrador con el que se inicia la novela concluye con el acto autoengendrador del personaje. Su estudio estimula lecturas alternativas que integran la alegoría política a un nivel más alto de significación para trascender el espacio y tiempo de la anécdota. Dice Portal: "No es en la acción donde se ejercita el personaje: donde corre la aventura y donde está en peligro su personalidad es en la introspección, en ese intento desesperado por aprehender la condición humana desde dentro de sí mismo. La estructura de la acción (mitológica), sustentando la teoría y la práctica revolucionarias, está ahí para conducir el despliegue de un relato de conocimiento (acción gnoseolólogica)." (322)

Hasta los años 60 la producción literaria de Revueltas fue poco reconocida por los críticos. Esta falta de interés en su trabajo se debe en parte a la posición marginal que ocupó con respecto a la política dominante, tanto como a las instituciones literarias en México. Después del movimiento estudiantil del 68, y su subsecuente encarcelamiento en Lecumberri, su popularidad creció, especialmente para las generaciones mas jóvenes. Se convirtió en el héroe iconoclasta, cuyos escritos críticos y postura autocrítica servían como guías para una nueva izquierda.

Comenta José Joaquín Blanco en su libro *José Revueltas* (1985): "No fue sino hacia 1969 que encontró su público entre lectores jóvenes, que lo escogieron como su autor con una devoción desbordada. Para entonces, José Revueltas estaba nuevamente en la cárcel, nuevamente acusado de cargos injustos y grotescos. Sus libros, en cambio, andaban en manos de todos los que se preocupaban de la crisis nacional, y recibieron un tipo de lectura insólita, casi mística. No se leían sus novelas como "novelas", sino como actitudes, como ejemplos, como guía moral y política." (23).

Esa omnipresencia, inspirará, después del 68, el corpus de la producción literaria mexicana revueltiana más fundamental. Esta edición crítica es muestra de la vigencia de la obra del autor de *Los días terrenales*, y constituye un aporte valioso para la literatura mexicana e hispanoamericana. Sólo he podido esbozar algunas de las múltiples perspectivas de lectura sobre el autor, y su obra, que contiene esta edición. El mundo de Revueltas se empieza a descubrir. No cabe duda que para entender el México actual, de manera política, histórica, cultural y literaria es imprescindible el conocer, y reconocer, a este escritor que define José Emilio Pacheco en el prólogo de *Las evocaciones requeridas* como "el inconforme, el aguafiestas indispensable en cualquier sociedad."

Para concluir, añado que el "diálogo-competencia" que establecen los colaboradores en sus ensayos entre *Los días terrenales* y *El luto humano*, en su afán, quizás de legitimizar la selección, abre en la edición, un espacio polémico, interesante y novedoso, que estimulará nuevas y bienvenidas lecturas sobre el autor, y su obra. Esperemos que *Los días terrenales* forme parte y se estudie como parte del corpus de "novelas de ideas" hispanoamericanas como *La bahía del silencio* de Eduardo Mallea, *Adán Buenosayres* de Leopoldo Marechal y *Tungsteno* de César Vallejo, entre otras. Y esperemos que una edición crítica semejante de *El luto humano*, primera novela en México que rompe con el realismo tradicional y ubica a Revueltas como precursor de Agustín Yáñez y Juan Rulfo en lo que se denominará en Latinoamérica la *nueva novela*.

University of California, Santa Cruz   NORMA KLAHN

JULIO CORTÁZAR. *Rayuela*. Edición crítica. Julio Ortega-Saúl Yurkievich, coordinadores. París/Madrid: Colección Archivos Nº 16, 1991.

Mandala, Almanaque, Disculibro y por último, *Rayuela*, novela que hoy permite a cualquier lector "escoger su propia aventura" y lectura, es un libro que, desde su aparición, contribuyó a crear en nuestra lengua primero, y en otras después, nuevos tipos de lectores[1]. La historia textual y escritural que se establece definitivamente en esta edición de la Colección Archivos, siguiendo los más recientes criterios desarrollados por la crítica genética, compulsa de manera primordial, además de algunas restituciones misceláneas ya incorporadas en ediciones anteriores, tres fuentes:

1º) El *pre-texto* del *Cuaderno de bitácora —logbook—* con los primeros esbozos conducentes a la novela, anotado magnífica e inteligentemente por Ana María Barrenechea, y publicado en 1983.

2º) Otro *pre-texto,* en estadio mucho más avanzado del manuscrito original, aunque no definitivo, de *Rayuela* y que se encuentra en la Benson Latin American Collection de la University of Texas, en Austin —donde por cierto existe una importante colección de manuscritos de Julio Cortázar.

3º) El *texto* de la edición príncipe de *Rayuela* publicado por la editorial Sudamericana de Buenos Aires en junio de 1963.

La idea de guiar al lector mediante un tablero de dirección estaba presente desde el embrión mismo de la novela. En los apuntes iniciales Cortázar anotó: "El libro se podrá leer: / 1) Siguiendo el orden de las remisiones. / 2) Como cualquier libro. / Tenerlo presente al hacer el Shuffling". Tanto el proyecto de capitulado, como las diferentes remisiones, fueron cambiando de secuencia y alternancia en las sucesivas etapas de escritura.

Es evidente que *Rayuela* exigiría soluciones originales e inéditas para resolver los problemas técnicos en una edición crítica. Dada la complejidad de las múltiples lecturas posibles, los editores-coordinadores requirieron de un aparato explicativo-comparativo previo (xxviii-xxxi),

---

[1] A partir de *Rayuela*, se posibilitaron las múltiples lecturas de textos abiertos, inclusive en historias infantiles, por ejemplo, la colección de Bantam Books, Nueva York, *Choose your own Adventure* y sus equivalentes en otras lenguas como su similar española, *Escoge tu propia aventura* de Timún Más, Barcelona.

desplegado a 6 columnas, para un mejor seguimiento y cotejo de la evolución de esta singular idea cortazariana que instauró la "obra abierta".

Los problemas no pararon ahí. Según concibió Cortázar la organización de los fragmentos iniciales —que más tarde devendrían capítulos—, en base a una serie de remisiones, la escritura de *Rayuela* no se efectuó como otras por acumulación, progresión o desarrollo, sino que se planteó, desde un principio, como una escritura discontinua. Por ello, en sus cuadernos de trabajo, no son las páginas las que están numeradas, sino los capítulos. Al principio ensayó una numeración regular progresiva en números arábigos y luego otra en romanos, antes de lograr finalmente el sistema numérico definitivo que agregaría el signo de resta, para dar a entender los criterios de "viene de..." y "pasa a...". Julio Ortega lo explica: "Es evidente también que la opción de la resta domina al comienzo y al final y el paso siguiente era hacer de la numeración una suma (lectura lineal) y de la remisión un resta (lectura discontinua); con lo cual la forma se duplica, o multiplica, haciendo de la fragmentación una simultaneidad".

Los cuadernos de trabajo de Cortázar, incluyen también señalamientos cromáticos mediante diez colores, que parecen estar asociados a grandes núcleos temáticos y a la caracterización de personajes. Los colores aparecen con una breve raya vertical en la parte superior izquierda de cada inicio capitular.

El libro abre con el liminar de Haroldo de Campos, primer escritor brasileño que se ocupó de *Rayuela* ya en julio de 1967. Recuerda con su título, "Para llegar a Julio Cortázar", el bello homenaje que éste rindió a su querido y admirado José Lezama Lima. "*Rayuela*, como *Paradiso*, como *Grande Sertão: Veredas* ... se inscribe igualmente en el mismo elevado paradigma de problematización ontológica del destino humano y de cuestionamiento inventivo del lenguaje y la forma novelesca. ... Obras como estas arruinan la concepción antidialéctica de que los países subdesarrollados están condenados a producir literatura subdesarrollada" (xxi), percibe, con agudeza, Haroldo de Campos.

Saúl Yurkievich, albacea de Cortázar y uno de sus mejores amigos —también argentino transterrado en París— nos hace partícipes de la "red de complicidades previas y de competencias afines" con que los participantes de este volumen se abocaron a "aprehender e inteligir esa movediza totalidad que configura a *Rayuela*".

La fijación del texto y las notas correspondientes son obra de Julio Ortega y Flor María Rodríguez-Arenas y, en esencia, constituyen primordialmente una edición de variantes en la primera sección, y de reposiciones en la segunda. Acorde con la metodología científica del caso, tanto el *Cuaderno de bitácora* —transcrito por Gladis Anchieri— como los capítulos no incluidos en *Rayuela* aparecen como apéndices al texto base que sigue la edición de Sudamericana de 1963, reproduciendo facsimilarmente los dibujos autógrafos de Cortázar y los mecanuscritos con enmiendas manuscritas dados a conocer en el *Cuaderno de bitácora*. Como segundo apéndice aparece el capítulo titulado "La araña", publicado originalmente en esta *Revista Iberoamericana* en su número especial de homenaje a Cortázar, 84-85, de 1973[2], y los capítulos del manuscrito de Austin no incluidos en la edición de Sudamericana de 1963.

Siguiendo el "Esquema Tipo" de la colección, la tercera sección incluye una cronología establecida por Graciela Montaldo y la cuarta despliega un amplio aparato crítico con lecturas que van desde la génesis a la recepción. ¿Quién mejor que Ana María Barrenechea para inaugurar esta sección con un trabajo magistral sobre las "Génesis y circunstancias" que rodearon la conversión de Cortázar, de cuentista a novelista, y un seguimiento ceñido y puntual de la construcción escritural de *Rayuela*? Algunas de las notas plantean interrogantes como la siguiente: "Es curioso que el autor nunca hiciera alusión al *Cuaderno* y en la novela publicada a la rayuela de caracol, tan conocida en la Argentina y en otras partes. Sin embargo abundan en el *Cuaderno* los dibujos en espiral en 49, 96 y 126, en conexión con el Mandala y el centro. En *Rayuela*, página 303 atribuye a Morelli la afición a dibujar espirales en conexión con el tantrismo. Este rasgo caracterizaba en la realidad a Julio Cortázar, que solía enviar tarjetas con espirales a los amigos" (555n). Sirva esta muestra para paladear por anticipado la calidad de la información y análisis desplegados en la mayoría de los textos de esta sección.

Otro asiduo cortazariano, Jaime Alazraki, siguiendo una forma narrativa que nos recuerda sus inclinaciones borgeanas, evoca el relato "Tlön, Uqbar, Orbis Tertius", donde un grupo de conocidos escritores e

---

[2] Los pormenores de la publicación de este capítulo así como la correspondencia cortazariana sobre el mismo pueden hallarse en mi artículo "Creación literaria y canonización crítica. Ciento cincuenta números de la *Revista Iberoamericana*". *Interamerican Review of Bibliography* Nº 4, Vol. XL, 544-557, Organization of American States, Washington, DC 1990.

intelectuales argentinos, convertidos en personajes, persigue una pirática y apócrifa enciclopedia angloamericana; así, el propio Alazraki es el personaje en persecución de un remoto e inasequible ensayo —"Rimbaud—, primera prosa publicada por Cortázar bajo el seudónimo de Julio Denis en la revista *Huella* de 1941. Avatares al margen, la idea central de Alazraki buscaba verificar los elementos que despuntaban en aquel ensayo y su transformación y emergencia en *Rayuela*. Lo que halló es "un primer bosquejo, una versión muy simplificada todavía de una cosmovisión dispersa en toda su obra y que da su medida mayor en *Rayuela*"(578): "Esta primera prosa de Cortázar ... es de una sola pieza con la prosa de su obra más tardía" (580).

En "Contextos de producción", Graciela Montaldo reconstruye —entretejiendo diacronías y sincronías— la trayectoria de Cortázar en el contexto argentino, europeo y latinoamericano, partiendo de un examen dual simultáneo. "La duplicación (que por momentos implica tres, cuatro, o más fragmentos), figura fundante de la escritura cortazariana, será el lugar de tránsito en el cual se genera *Rayuela*"(583). Las relaciones de texto y contexto son inteligentemente entrelazadas hasta desembocar, en un análisis de la nueva estética propuesta por Cortázar.

También a Montaldo se debe la siguiente colaboración en gran medida complementaria de la anterior. "Destinos y recepción" aúna en el título dos enfoques críticos (el primero francés, el segundo alemán) no siempre coincidentes y discute, junto a la marcha de la realidad nacional y el panorama editorial, declaraciones, entrevistas y probable número de lectores, de acuerdo con los cuadros de ventas proporcionados por Angel Rama. Indaga la trayectoria de la obra y la recepción cortazarianas entre lectores no profesionales y críticos por igual, entre lo sociológico y lo literario; en los primeros, lo cuantitativo; en los segundos, lo cualitativo. Cubre un universo literario que va de la vanguardia al apogeo de la modernidad. La trayectoria de seguimiento de la recepción crítica de *Rayuela* registra la oscilación de criterios entre aquellos lectores y críticos desconcertados ante el Cortázar "*cuentista* reconocido y prestigioso", y la inexplicable metamorfosis del autor cuya nueva obra constituía "una frustración deplorable y matizada de ingenio, una torpeza sin par, un entretenido rompecabezas, un jueguito de adivina adivinador, una prolongada herejía novelística..." y la de una generación más joven, que recibía con alborozo "el signo de la novedad" que regía esta nueva propuesta de lectura.

Montaldo concluye que *Rayuela*, aunque es muchos libros, se compone fundamentalmente de dos, cuyo desdoblamiento estructural-narrativo implica una diferencia moral. "No es lo mismo leer linealmente, que salteando los capítulos, del mismo modo que no resulta semejante escribir una novela 'rollo' que una novela 'almanaque'" (610). Mediante su pretensión "anti-literaria", *Rayuela* planteaba una propuesta disruptora de aquella teoría de la lectura.

La quinta parte da lugar a diferentes "Lecturas del texto". Abre con el "Estudio temático" de Milagros Ezquerro quien analiza *Rayuela* como una pluralidad de novelas. Siguiendo el "Tablero de dirección", Ezquerro contrapuntea, en la propia obra, la teoría Cortázar-Morelli que entreteje las complejas relaciones que mantienen entre sí las tres entidades clave: escritor, obra, lector. A partir de lo anterior, utiliza la concepción jazzística de *swing,* tan cara a las concepciones cortazarianas, para recorrer la doble lectura: *Rayuela A,* que se lee del capítulo 1 al 56 en la forma y secuencia habituales, y *Rayuela B* que se lee del capítulo 73 al 131 siguiendo el orden indicado por el "Tablero de dirección". A ello agrega el seguimiento de los elementos heterogéneos, los juegos de la imaginación, y las más diversas referencias culturales.

Por su parte, alternando entre texto y metatexto, Jaime Alazraki analiza la estructura de *Rayuela* como un juego de piezas movibles y rearmables a la manera de los *mecanos*, evocados por Cortázar. Una de las alternancias más importantes es la establecida entre *Opera aperta* de Umberto Eco, publicada en 1962, un año antes de *Rayuela*. Eco denomina este tipo de creación *"obras en movimiento".* En un esfuerzo por caracterizarlas, intenta delinear una posible poética de los órdenes abiertos, semejante al planteado en *Rayuela*. Después de examinar las implicancias de esta nueva estética, Alazraki fustiga a los críticos que han visto en la condición de "muchos libros" de *Rayuela* una excentricidad y hasta una tomadura de pelo. Enfatiza que esos nuevos parámetros estructurales propuestos por la novela, esas alternativas ilimitadas, constituyen precisamente su elemento más poderoso.

Sara Castro-Klarén se ocupa de texto y contexto. Parte de un aserto incontestable: puesto que *Rayuela* es una novela seminal, en relación a toda la literatura escrita en español, rehúsa ceñirse a la idea habitual de contexto. Desechando el modelo lineal canónico, concebido como eslabón previo a las diferentes lecturas propuestas por lectores distintos al autor, privilegia la figura laberíntica de círculos concéntricos para, así, disparar el material de *Rayuela* en todas direcciones, partiendo desde el mandala cortazariano. Un repaso ineludible de su identidad latinoamericana y de sus posiciones políticas conduce, finalmente, al estudio de los intertextos. Los intertextos, sabido es, nacen de las lecturas, que son prolijamente repasadas aquí —trátese de intertextos ajenos o propios—, para finalmente desembocar en que el arte aleatorio, al que se suscribe Cortázar, inscribe sus textos y sus contextos en algún lugar cercano a las consecuencias últimas de las vanguardias francesas y como culminación, acaso, de la crítica de la modernidad.

La contribución de Alicia Borinsky nos conduce por las "Avenidas de recepción" más infrecuentes: la exógena inmediata, de contemporáneos y colegas de Cortázar, entramada con los criterios de recepción endógenos y manejados por los personajes de la propia novela. La densidad conceptual permite hallar reflexiones teóricas importantes hasta en las notas al pie: "Cuando se habla de *Rayuela* y el surrealismo hay la tentación de caer en la falacia de causalidad temporal y pensarla como un texto influido por un movimiento que la precedió. La realidad es otra. El surrealismo careció de una novelística a la altura de la visión producida en las obras visuales y la poesía. Sus intuiciones se despliegan sólo más tarde en algunas obras novelísticas de América Latina ya no como una estética única sino como parte de una heterogénea cadena de representaciones. Tal es el caso de *Rayuela* en algunos de sus momentos; más intensa es la figuración surrealista en la novela que Cortázar escribe más adelante como continuación de *Rayuela*; *62, Modelo para armar*" (652n).

Cierra las lecturas del texto Saúl Yurkievich con "La pujanza insumisa". Insiste que, desde su primer intento novelesco, *El examen*, pasando por *Divertimento*, Cortázar se instala en el género a contramano, a contrapelo. Cortázar busca que su lenguaje posea un poder alucinógeno y afrodisíaco como el del jazz. Desde allí, monta su sofisticado andamiaje narrativo y "ensambla ese pletórico *patchwork*" que aspira a lo poético, a la plenitud expresiva, "clave fundamental de *Rayuela* ... para que el mundo se abra y el sentido circule en todo sentido".

Como todos los volúmenes de esta colección, cierra con un *Dossier* que reúne los *para-textos*: reseñas, artículos y entrevistas de diversos autores, trabajos que marcaron hitos en las aproximaciones al autor y su obra. Finalmente, la bibliografía establecida por Gladis Anchieri, con cordura y conocimiento de causa, apunta lo esencial, remitiendo, en lo demás, a la extensa cobertura bibliográfica general, *Julio Cortázar: His Works and his Critics,* compilada por Sara de Mundo Lo, la más completa hasta la fecha. Será difícil, sin duda, hallar un mejor calificativo que el de imprescindible para esta edición, acaso insuperable.

University of Pittsburgh SAMUEL GORDON

JUAN RULFO. *Toda la obra*. Edición crítica. Claude Fell, coordinador. París/Madrid: Colección Archivos, Nº 17, 1992.

La aparición de este nuevo volumen de la prestigiosa "Colección Archivos", que con tanto acierto y dedicación dirige Amos Segala, debe ser motivo de satisfacción tanto para el especialista en la obra de Rulfo y de la narrativa contemporánea hispanoamericana, como para el lector que, ajeno a la profesionalidad literaria, desee leer en profundidad la clásica obra del recordado autor mexicano. Del eminente esfuerzo que ha supuesto llevar a cabo esta edición pueden dar fe algunos datos: casi mil páginas (de las que cuatrocientos se corresponden con textos de Rulfo), en las que el lector encontrará colaboraciones originales de dieciséis investigadores y un amplio *dossier* que recoge un buen número de trabajos críticos sobre Rulfo. Todo ello presentado con un esmero editorial envidiable —no deja de sorprender que en una obra de estas dimensiones no se aprecien erratas— donde se conjugan con pulcritud diferentes tamaños de letra (en consonancia con las diversas secciones del libro), buscando un máximo aprovechamiento tipográfico sin que vaya en detrimento de la facilidad lectora. La gran cantidad de estudios críticos convierte este libro en uno de los fundamentales dentro de la serie de "homenajes" o libros de recopilación de artículos sobre Rulfo. No obstante, ello no debe hacernos olvidar que lo fundamental es la "edición crítica" de los textos rulfianos, aspecto que trataré de manera especial en esta reseña.

De la "edición crítica" se ha encargado Sergio López Mena, quien distribuye en dos bloques los textos de Rulfo: *El Llano en llamas* y *Pedro Páramo*, por una parte, y el resto de textos, bajo el epígrafe de "Otras letras". Me referiré en primer lugar a las dos obras literarias "clásicas" de Rulfo. La tarea fundamental llevada a cabo por el editor ha sido la fijación textual; en lugar secundario queda la anotación, suficiente en el caso de los cuentos, y que en la novela hubiera sido conveniente gozase de mayor amplitud, dada la dificultad de la misma. Donde Sergio López Mena realiza un trabajo minucioso es en la presentación de variantes de ambas obras, tan abundantes que el lector quedará, sin duda, sorprendido de que en un narrador contemporáneo aparezcan con tal profusión. El lector normal —quiero decir, aquél que no es especialista en Rulfo (a quien toda "minucia" no podrá menos que interesarle)— puede sentirse angustiado y llegar a dudar de si realmente ha leído al verdadero Rulfo. No tema este lector: los textos de Rulfo —salvo erratas— siempre han sido fiables. ¿A qué se debe, pues, la constatación de tantas variantes? Pues, a mi juicio, a tres factores muy diferentes entre sí: a) textos previos a las ediciones definitivas en el FCE; b) las correcciones establecidas por Rulfo a partir de 1980 en las ediciones del FCE, y c) variantes introducidas por los editores.

Las variantes verdaderamente significativas se corresponden con el apartado *a*: nueve cuentos que, previamente a la edición de *El Llano en llamas* en 1953, aparecieron en diversas revistas (*Pan*, *América*, *México en la Cultura* y *Metáfora*) y siete secuencias o fragmentos de *Pedro Páramo*, publicados con anterioridad a la edición de 1955 en las revistas *Letras Patrias*, *Revista de la Universidad de México* y *Dintel*. La minuciosa anotación de estas variantes por parte de López Mena es un servicio impagable para el estudioso de Rulfo, ya que, como señala este editor: "El estudio de la abultada serie de dudas, de aceptaciones y de rechazos que se observa en la elaboración de los textos capitales de Rulfo da cuenta de la búsqueda de un estilo personal y único que innovó profundamente la narrativa en lengua española" (xxxi). Por otra parte, y dentro de este apartado, entrarían las variantes de los textos mecanografiados entregados por Rulfo al FCE (siglas A en López Mena), de escaso interés en el caso de los cuentos y de bastante importancia en la novela. Todas estas variantes forman parte de la "prehistoria" textual, ya que, una vez editados el *Ll en ll* y *PP* en 1953 y 1955, respectivamente, los textos adquieren un carácter definitivo que apenas se modifica con variantes posteriores, en general muy poco significativas, cuya aparición se explica por dos razones: los cambios que parece ser introdujo Rulfo a partir de las ediciones de 1980 del FCE (algunos cambios de palabras y corrección de la puntuación) y los cambios introducidos por los editores a partir de las primeras ediciones, limitados prácticamente a mejorar la puntuación o a corregir erratas. De ahí que las seis ediciones utilizadas por López Mena en el caso del *Ll en ll* puedan reducirse a dos (eds. 1953 y 1980) y lo mismo en *PP* (cuatro ediciones equivalentes a las de 1955 y 1980).

Es necesario hacer algunas otras precisiones. Los cambios introducidos en las ediciones de 1980 hay que suponer que fueron realizados por Rulfo, ya que los libros venían acompañados de una franja propagandística donde se señalaba "edición revisada por el autor". Cuando preparé mi edición de *PP* para la editorial Cátedra (1ª ed. 1983), Rulfo me comunicó lo siguiente: "Originalmente el FCE, cuando empezó a hacer la edición de "Letras Mexicanas", me pidió que le diera yo algo para ver si lo podían publicar. Entonces yo les entregué un borrador que tenía de *PP* —el original estaba en el Centro Mexicano de Escritores, donde yo tuve una beca de la Rockefeller, y ahí se quedó el original y yo me quedé con un borrador— y como ellos no más querían ver que era o de qué se trataba y si convenía publicarlo, pues me pidieron el borrador. Cuando me fui por ella ya la habían editado. Hasta el año 1980 en que el director de FCE encontró el original en el Centro Mexicano de Escritores. Entonces me dijo que si no convendría mejor sacar el original que estaba allí, en sustitución de éste (se refiere a las ediciones anteriores del FCE). Claro, le dije que era el original. Por eso hay esos cambios" (ed. cit., 48). Convencido de que lo que Rulfo había hecho era restituir el denominado texto original, mi sorpresa ha sido mayúscula al comprobar en esta edición de "Archivos" las numerosísimas variantes que presenta el texto mecanografiado del Centro Mexicano de Escritores (al que yo no había tenido acceso), nunca incorporadas a los textos definitivos de Rulfo. Un motivo más para elogiar la labor llevada a cabo por López Mena.

Unas precisiones puntuales respecto a la edición de *PP* (utilizaré las siglas *Arch.* para referirme a la edición de "Archivos" y *Eds. ant.* para citar las ediciones anteriores a 1980, y mencionaré las variantes que no se anotan). En *Arch.* (179) se lee "Hasta que ahora pronto" / "Hasta ahora pronto que" (*Eds. ant.*, excepto la 1ª de 1955, que es correcta); *Arch.* (191): "Su sombra *descorrida*" / *Eds. ant.*: "Su sombra *corrida*"; *Arch.* (198): en *Eds. ant.* no se establece división de fragmentos entre el 11 y el 12; *Arch.* (200): "En el hidrante" / *Eds. ant.*: "En la destiladera"; *Arch.* (231): "Como si le hubieran *achicado* el cuero" / *Eds. ant.*: "Como si le hubieran *estirado* el cuero"; *Arch.* (231): "Tal vez hasta me vio. Tal vez creyó que yo dormía" / *Eds. ant.*: faltan las dos frases; *Arch.* (243): "no alcancé a ver ni *el cielo*. Al menos, quizá, *debe* ser el mismo que ella conoció" / *Eds. ant.*: "no alcancé a ver ni *las nubes*. Al menos, quizá, *deben* ser *las mismas* que ella conoció"; *Arch.* (256): "*dos meses* antes" / *Eds. ant.*: "*doce años* antes"; *Arch.* (260): "a algún lugar *viviente*" / *Eds. ant.*: "a algún lugar *habitado*".

Una última precisión, también puntual. La sigla *D*, correspondiente al *Ll en ll*, recoge ediciones que me resultan confusas. Se mencionan dos ediciones de Planeta (Barcelona): la primera, de 1975, y la de 1987, pero previamente se indica 11ª reimpresión de la 12ª edición", lo cual, aun pensando en las ediciones del FCE no puede menos que ser incorrecto. Dichas ediciones de Planeta no presentan variantes respecto a las del

FCE, como no sean erratas. En cambio, ya que se cita a la editorial Planeta, no se menciona la curiosísima edición de 1972 (Colección "Biblioteca Universal Planeta") que presenta numerosísimas variantes tanto en el texto del *Ll en ll* (sólo tres cuentos permanecen inalterables) como en *PP*, respecto a las ediciones del FCE. Rulfo aborrecía esta edición, considerando que se trataba de erratas de los editores. Sin embargo, no son erratas sino cambios sustanciales no sé de que mano provenientes. Intenté, hace años, descifrar el misterio y me puse en contacto con la editorial Planeta. Su director literario, Carlos Pujol, me comunicó que él no se ocupaba en ese momento de esa colección y que le había sido imposible, por la escasa documentación que se guardaba en los archivos, conocer a qué se debieron esos cambios. La entidad de las variantes podrá observarse por estos ejemplos que doy a continuación. En el cuento *El Llano en llamas*: Arch. (86): "que por allá le *mataron*" / *Planeta* (191): "que por allá le *dieron su diapolique*"; Arch. (87): "lo habían *matado*" / *Planeta* (191): "lo habían *liquidado*"; Arch. (87): "Me castigaron" / *Planeta* (191): "Me tuvieron". En el cuento *Macario*: Arch. (61): "Felipa sólo *se está en la* cocina *arreglando* la comida de los tres" / *Planeta* (125): "Felipa sólo cocina la comida de los tres"; Arch. (62): "leche de ... *puerca recién parida*" / *Planeta* (126): "leche de ... *burra*". En *La herencia de Matilde Arcángel*: Arch. (155): "el odio que le *tuvo al hijo*" / *Planeta* (252): "el odio que le *agarró al muchacho*"; Arch. (155): "un berrido como de *tecolote*" / *Planeta* (252): "un berrido como de *lechuza*". En *Pedro Páramo*: Arch. (183): "Ahora estaba aquí, en este pueblo *sin ruidos. Oía caer mis pisadas* (...) en el eco de las paredes *teñidas por el sol del atardecer*" / *Planeta* (13): "Ahora estaba aquí, en este pueblo apagado. Oía caer mis *pasos* (...) en las paredes *encaladas ya casi deslucidas de luz*; Arch. (184): "*Fui* andando por la calle real *en esa hora*" / *Planeta* (13): "*Seguí* andando por la calle real *solitaria*".

Añadiré, para terminar el comentario sobre la edición crítica de el *Ll en ll* y *PP*, que López Mena corrige pequeñas erratas (fundamentalmente en lo que se refiere al uso de mayúsculas y signos de puntuación) que hay que atribuir más al propio autor que a sus editores, y lo hace de manera escrupulosa, sin que, a mi modo de ver, haya nada que objetar.

Completa su trabajo editor Sergio López Mena ofreciéndonos otros textos creativos de Rulfo, bien conocidos (su labor en este campo es la de compilador, ya que no se anotan los textos): me refiero a *Un pedazo de noche, La vida no es muy seria en sus cosas, El gallo de oro* (que, acertadamente, considera novela y no guión cinematográfico), la letanía versificada titulada *La fórmula secreta* y el guión para el cine, *El despojo*. No se incluyen, sin embargo, los cuentos *Nadie, sino un genio* y *Se nos enfrió el comal*, publicados en periódicos en 1986, inmediatamente después de la muerte de Rulfo, y nunca recogidos en libros. La última sección que recoge López Mena está formada por ensayos, discursos y conferencias de Rulfo, un total de diez textos, los fundamentales, aunque los disponibles llegan a la treintena. Aunque en otra parte de esta edición se incluyen dos entrevistas de Rulfo, hubiera tenido interés la reproducción de algunas de las entrevistas que se le hicieron a Rulfo, ya que son textos (muy numerosos) de gran interés; recuérdese al respecto el inteligente montaje realizado por Reina Roffé.

Acabada la presentación de los textos de Rulfo, la edición recoge generosamente en diversos apartados ensayos sobre el autor mexicano. Las dos primeras secciones (417-697) presentan doce trabajos expresamente escritos para este libro. En su conjunto son textos de gran interés, aunque ciertas reiteraciones en relación con la historiografía crítica rulfiana parecen inevitables. Me referiré a ellos de manera breve.

La sección "Historia del texto" se inicia con un artículo de Norma Klahn que analiza el ambiente literario en el que se integra la narrativa de Rulfo, destacando la ruptura de su literatura tanto en los aspectos que pueden considerarse formales (superación del realismo, nuevas técnicas narrativas, nuevo lenguaje) como temáticos: "La originalidad de Rulfo radica en que supo adentrarse en el ser mexicano desde lo particular para recrear arquetipos universales" (426). A continuación, Walter D. Mignolo escribe sobre la ficcionalización de la oralidad mediante la escritura literaria, relacionando la oralidad con el concepto de *tercer mundo*, al que se correspondería (aunque sea incorrecto, matiza) una cultura iletrada, frente al concepto de *primer mundo* y su cultura letrada. Mignolo entiende que la obra de Rulfo es un claro ejemplo de las tensiones que el proceso colonizador produce en los países del tercer mundo, ya que la cultura de la "oralidad" queda marginada por la cultura oficial. J. Ruffinelli ha sabido dotar de amenidad un sugerente tema: el de la leyenda de Rulfo. Paso a paso, Ruffinelli analiza el papel que desempeñaron el grupo de allegados a Rulfo en la época en que escribió y publicó sus cuentos y novela, desmitificando el protagonismo de algunos. Más adelante analiza Ruffinelli el caso de *La cordillera* (aportando una documentadísima serie de referencias críticas), la nunca publicada novela que Rulfo, tal vez, ni siquiera llegó a escribir, pero que le pudo servir de escudo para defenderse ante el medio cultural mexicano, como con agudeza explica Ruffinelli. Las alabanzas que los grandes escritores hispanoamericanos han tributado a Rulfo son recordadas por Ruffinelli, contribuyendo a culminar esa "leyenda" del "maestro de maestros" y del escritor que no escribe. Esta primera sección se cierra con un trabajo de Gerald Martin que juzga la labor que la crítica ha realizado sobre la obra de Rulfo a lo largo del tiempo. Como bien señala Claude Fell, en la "Introducción" al libro, "la obra relativamente breve de Rulfo originó un sinfín de artículos y libros críticos, hasta formar un conglomerado macizo que amenaza aplastar la obra de referencia" (xxv): Lo que ha realizado G. Martin en su extensísimo trabajo (471-545) es evitar que esa masa crítica nos aplaste, valorando las distintas aportaciones críticas —no se trata, pues, de una cómoda enumeración— y acotando sus diversas tendencias. El trabajo de G. Martin es de tal entidad que su consulta resulta obligada para el especialista en Rulfo e imprescindible para el que se inicia en los estudios rulfianos. Artículos como el de G. Martin justifican por sí solos todo un libro.

En la sección "Lecturas del texto", Evodio Escalante analiza la obra de Rulfo y su vinculación con la realidad social e histórica de México, resultando un artículo totalmente convincente que no niega otras tendencias críticas de tipo mítico o simbólico. Casualmente, el siguiente artículo, de Yvette Jiménez de Baez, se detiene en un análisis de tipo simbólico. Pocos autores, es cierto, se prestan tan bien como Rulfo a este tipo de análisis. Como he señalado antes, los estudios socio-históricos y los simbólicos no sólo no son excluyentes entre sí, sino que se complementan. Yvette Jiménez de Baez, autora de un reciente, y muy interesante, libro sobre Rulfo con este enfoque simbólico, aplica con moderación este método, no perdiendo de vista en ningún momento la realidad textual rulfiana. José Pascual Buxó delimita con nitidez su campo de estudio, las imágenes eidéticas o gráficas ("resultado de una percepción concreta que se fija con nitidez en la memoria", 611) y su representación lingüística en Rulfo. Florence Olivier, aplicando la enrevesada terminología de J. Genette, analiza el conjunto de la obra de Rulfo. Del artículo de Mónica Mansour me ha interesado principalmente la parte dedicada a los recursos estilísticos: repeticiones, connotaciones de los nombres (juego relativamente arriesgado, pero atractivo), sinestesias, simetrías, oposiciones, deícticos, recursos sonoros, etc.

Siempre me ha sorprendido que, siendo Rulfo un autor al que se cita como ejemplo de riqueza lingüística, sean tan escasos los estudios lingüísticos. Hugo Rodríguez-Alcalá, que abrió brecha en los estudios rulfianos con la publicación de la primera monografía en 1965, insiste una vez más en el tema de la comparación de *Pedro Páramo* y la *Divina Comedia* de Dante. Lo cierto es que, aunque Rulfo probablemente no se acordaría para nada de Dante al escribir su novela, las similitudes no dejan de asombrar, siendo, a mi entender, perfectamente lícito este tipo de estudios, que, en definitiva, consideran la obra literaria siempre "abierta". El último artículo, de Milagros Ezquerro, está dedicado a *El gallo de oro*. Esta buena novela de Rulfo (nada tiene que ver con un guión cinematográfico), apenas ha recibido tratamiento crítico. Por ello, bienvenido sea el trabajo de M. Ezquerro que presenta con claridad el entramado novelístico de esta obra (aunque para evitar reiteraciones debería haber tenido en cuenta los artículos sobre el tema de Borgeson (1982), Ruffinelli (1980) y González Boixo (1986)).

Lo mismo que en el resto de ediciones de la "Colección Archivos", se incluye una parte titulada *Dossier*, donde se recogen una veintena de artículos sobre Rulfo, entre los que se encuentran, desde luego, los más interesantes que se han escrito a lo largo del tiempo.

El libro finaliza, como es habitual, con una densa y completa bibliografía, elaborada por Aurora M. Ocampo, presentando en bloque la crítica sobre Rulfo. No es un modelo que me guste, ya que prefiero apartados temáticos y separar las referencias menores, cuyo interés crítico suele ser nulo, pero que llegan a ocupar la mayor parte del espacio (tal como hice en las bibliografías de 1985 y 1986). Aunque faltan algunas fichas bibliográficas ya aparecidas en bibliografías anteriores, lo cierto es que hay numerosas entradas que, en el campo de la referencia menor y en México, pueden calificarse de aluvión. Un buen trabajo, qué duda cabe.

Como conclusión, pues, esta edición de la obra de Rulfo marcará un hito. Todos nos felicitamos del gran trabajo realizado y el buen gusto en su presentación editorial.

Universidad de León (España) JOSÉ CARLOS GONZÁLEZ BOIXO

LÚCIO CARDOSO. *Crônica da Casa Assassinada*. Edição crítica. Mário Carelli, coordenador. París/São Paulo: Colección Archivos Nº 18, 1991.

A primeira vez que li *A Crônica da Casa Assassinada*, andava em vagabundagens de férias, lendo aqui e ali, coisas que me caíam nas mãos ou me atraíam a vista. O livro que li, uma cópia meio velha, tinha a capa já bastante puída, e anotações nas margens feitas pelo leitor anterior, meu pai. Eu tinha recém acabado de reler e me deleitar com *Macunaíma*. Ainda estava rindo da "Carta pras Icamiabas" quando botei os olhos nas primeiras linhas do "Diário de André": "... meu Deus, que é a morte?" E, mais adiante, "Que é, meu Deus, o para sempre?" Naturalmente, as lágrimas do riso com as Icamiabas secaram rapidamente, e entrei, como que de chofre, no mundo angustiado e angustiante de Lúcio Cardoso, para só sair dele mais de trezentas páginas e muitas horas adiante. Sim, li o livro de uma sentada, atravessando a noite e consumindo chá com biscoitos, espiando na janela se o dia já vinha e no livro se um sopro de alívio se pronunciava. Quando, dia já alto, fechei o volume, encarei o sol e os movimentos na rua, a história dos Menezes ficou comigo, a luta agônica dos personagens reverberando, as questões do Bem e do Mal, do Amor e do Odio, fazendo ninho em minha cabeça. Fiz, depois disso, uma leitura das obras de Lúcio Cardoso mais ou menos "de trás pra frente," passando de *O Enfeitiçado* (publicado em 1954), a *A Professora Hilda* (de 1946), a *O Desconhecido* (de 1940), a *Mãos Vazias* (de 1938), a *Maleita* (de 1933) a *Salgueiro* (de 1935), e em outra ocasião pude ler *A Luz do Subsolo* (de 1936). Só muito mais tarde consegui juntar à minha leitura as obras restantes, *Histórias da Lagoa Grande* (contos infantis, de 1939), *Dias Perdidos* (de 1943), *O Escravo* (de 1945), *Inácio* (de 1944), *O Anfiteatro* (de 1946), e os dois volumes de poemas, *Poesias* (de 1941), e *Novas Poesias* (de 1944). A leitura dessas obras, mesmo feitas em tempos diferentes, deu-me a impressão (arrogante?) de conhecer Lúcio Cardoso "de dentro:" agora sentia que "sabia" de onde vinham Nina, e Timóteo, e Ana. Agora percebia o desenvolvimento dos personagens e adivinhava seus passados, suas agonias, suas torturantes buscas. Agora relacionava o menino Lúcio Cardoso, que se escodera dentro do armário, nu, quando a mãe o puniu por gazetear aula, e o escritor Lúcio Cardoso, escrevendo como que nu, com seu sangue, com seu corpo e sua alma inteira. Voltei a ler a *Crônica* em outra ocasião, desta vez já munida de alguns dados biográficos do autor, mais outros sobre a época em que escreveu, e, acima de tudo, estava decidida a fazer uma leitura mais "profissional," e menos "emocional." Logicamente, agora já me foi possível observar aspectos mais formais da obra; já pude notar a riqueza da frase, o excesso, a perdulância dos detalhes. Mas, ainda dessa vez, o universo da chácara me sorveu e abvorveu feito um vórtex no qual as almas penadas, sofredoras, em busca de luz, se lutam e se torturam.

A essas alturas, quem me lê deve estar perguntando por que estou relatando esta experiência de leitura da *Crônica*? Afinal, nós críticos somos ensinados a discutir a obra, talvez relatar alguma coisa sobre o autor, e, como a ocasião da escritura desse pequeno ensaio é a publicação da Edição Crítica, o mais apropriado seria começar com o comentário dessa Edição. Entretanto, no caso da *Crônica da Casa Assassinada*, me foi impossível resistir à oportunidade de relatar a minha experiência de leitura da obra, porque desconfio que ela é bastante comum a muitos outros leitores, e esta reação, eu creio, é parte fundamental desta obra de Lúcio Cardoso. Conheço gente que considera *Crônica* uma das maiores obras literárias brasileiras, adora esse livro, sabe partes de cor, faz comparações com outros autores. Por outro lado, tem gente que se confessa "perturbada" pelo livro, e que não conseguiu passar da primeira leitura, feita "por obrigação." O fato é que a essa obra ninguém pode ficar indiferente. Esse não é um livro que se lê e se bota na estante do esquecimento. É uma obra fundamental, tanto por seu valor como a obra prima de Lúcio Cardoso, como por seu posicionamento dentro das letras brasileiras. Por isso, esta Edição Crítica, coordenada por Mario Carelli, é uma adição importante para os estudos de literatura brasileira em geral e de Lúcio Cardoso em particular.

O poema de Carlos Drummond de Andrade "A Lúcio Cardoso, na Casa de Saúde" (xvii) abre as contribuições à Edição Crítica. Neste poema, Drummond confessa que não está entre os seus amigos mais próximos e diletos, mas que

>   de longe
>   mais perto me sinto e decifro
>   melhor teu perfil na sombra
>   e o perfil não só; tudo mais
>   que deu sentido a teu chamado
>   à rua dos homens: palavras .... contemplo
>   tua vida primeira e plena a circular, transfigurada,
>   ó criador, entre vazios
>   sótãos da casa assassinada.

Este poema, além de ter o carimbo do mestre Drummond, imediatamente chama o leitor para este paradoxo da vida de Cardoso — a morte e a dor tão entrelaçadas com a vida e a arte— que a obra de Cardoso dramatiza, a cada passo: a carne, a destruição dela, o Bem, o Mal, o drama de se viver neste vale ora de lágrimas ora de riso, e de não se saber, afinal, o que está além do vale. E, também, este poema fala de perto da condição do artista, a quem o leitor conhece melhor não pelo contato direto com a pessoa, mas pelo mergulho na obra, na qual está transfigurado o sofrimento e a angústia do criador.

Ao poema de Drummond seguem-se contribuições de Eduardo Portela, "A linguagem prometida;" de Alfredo Bosi, "Um grande folhetim tumultuosamente filosófico," de Mário Carelli, "O resgate de um escritor maldito," e de Júlio Castañon Guimarães temos "Nota filológica: procedimentos de edição." A colocação dessas cinco contribuições à guisa de "Introdução" é um recurso excelente, porque, já de início, expõe a visão múltipla que a obra de Cardoso excita nas letras brasileiras. Eduardo Portela, por exemplo, diz que "a *Crônica da Casa Assassinada* ... é provavelmente a metáfora desperta e excitante de uma ruína, um vestígio, uma indigência. Mas repleta de vontade —vontade de vida e vontade de linguagem" (xix). Alfredo Bosi, por sua vez, chama a nossa atenção para a possível filiação da obra de Lúcio Cardoso, "Léon Bloy, Julien Green, Mauriac e Bernanos ... Doistoïevski ... Emily Brontë ..." e no Brasil, "Lúcio Cardoso se aparenta com o do ciclo da Tragédia Burguesa de Octávio de Faria ... com os meandros narrativos de Cornélio Penna e Adonias Filho ... e, mutatis mutandis, com certas passagens introspectivas muito densas de Clarice Lispector ..." (xxi). Mario Carelli, em sua contribuição, afirma que Lúcio Cardoso "tinha uma consciência dilacerada e trágica do seu drama existencial de criador" (xxv), e Júlio Castañon Guimarães explica cuidadosa e carinhosamente os meandros da preparação desta edição crítica, que levou mais de quatro anos para ser concretizada. Aqui temos não só a necessária genealogia dos originais, mas também a descrição clara das colações e a explicitação das razões porque o texto de 1959 foi tomado como base dessa Edição.

O corpo do texto próprio, que ocupa mais de 550 páginas, é um primor, um exemplo do mais alto profissionalismo editorial e acadêmico. As colações seguem o texto perfeitamente, e nenhuma modificação foi deixada ao acaso. E, afinal, o que não pôde ser incorporado ao texto foi colhido no "Apêndice."

A terceira parte da Edição Crítica, é a "Cronologia," estabelecida por Mario Carelli; a quarta parte, "História do Texto," tem mais duas contribuições de Mário Carelli ("*Crônica da Casa Assassinada*: A consumação romanesca," e "A recepção crítica"), e outra de Júlio Castañon Guimarães ("Alguns procedimentos na produção do texto"). Na quinta parte, "Leituras do texto," contribuem Octávio de Faria, Consuelo Albergaria, Guy Besançon, Tereza de Almeida, José Geraldo Nogueira Moutinho, Sonia Breyer e Mario Carelli. Esses ensaios, embora constrangidos pelo espaço limitado, são muito importantes para qualquer leitor seja da *Crônica* ou das demais obras de Cardoso, porque constituem apontamentos críticos que podem, e devem, ser desenvolvidos e/ou discutidos.

A parte denominada "Dossier," a sexta do livro, traz três divisões: "Elaboração da obra," "Entrevistas," e "Recepção crítica." Dessa última, sem desmerecer os demais contribuidores, destaco a comovida homenagem que Clarice Lispector escreveu quando da morte de Cardoso, e a lúcida análise feita por André do Carmo Seffrin em "Câncer e violetas." A sétima e última parte do livro, "Bibliografia," é mais um exemplo do trabalho de ourivesaria de Mario Carelli, o coordenador da Edição Crítica.

Para finalizar, gostaria de dizer que este volume, pelo cuidado de produção, pela profundidade e honestidade da pesquisa, é, sem favor nenhum, a edição definitiva da *Crônica da Casa Assassinada*, e deve fazer parte do acervo de todo leitor, profissional ou amador, da literatura brasileira.

EVA PAULINO BUENO

EZEQUIEL MARTÍNEZ ESTRADA. *Radiografía de la Pampa*. Edición crítica. Leo Pollmann, coordinador. París/Madrid: Colección Archivos Nº 19, 1991.

Radiografía de la Pampa tiene dos posibles lecturas: representa la más lograda expresión de una etapa básica tanto en la evolución histórica de la imaginación argentina como en la estructura(ción) literaria de la identidad hispanoamericana. Es al mismo tiempo un gran ensayo sobre la psicología social del cono Sur y, como dice G. Weinberg en su nota liminar (xix), "uno de los ensayos clave de la literatura hispanoamericana"; una obra a la vez fundamental y fundacional, que escapa a todo género y en la que un lenguaje de extraordinaria intención y calidad mítica traza un ejemplar mapa espiritual y propone una original (de)codificación de las implicaciones que definen el espacio histórico-cultural de un país y una época. Según opina en su ensayo L. I. Weinberg, *Radiografía* representa un hito en "la historia de las ideas en América Latina" (475) y "ofrece una visión de la historia argentina alternativa de toda visión de las ciencias sociales propiamente dichas" (489). Escrito y publicado cuando la crisis de las mitologías progresistas y nacionalistas del positivismo y del modernismo, es decir en años de profunda decepción económica y política, *Radiografía* documenta la relación que se desarrolla en la metafórica carne del cuerpo histórico y geográfico de Argentina entre la crisis psicológica y social del país y la crisis de crecimiento, pensamiento y conciencia del propio autor, que renuncia a la poesía para dedicarse a la prosa y al ensayo. En este sentido L. Sigal puede afirmar que "el libro representó el mayor intento de analizar el conjunto de los problemas nacionales con los de la vida personal" (491). En efecto, a comienzos de la tercera década del siglo Argentina paso *de golpe* del desarrollo a la crisis en lo económico, de la ilusión a la decepción en lo político, de una prometedora articulación literaria y periodística a una codificación mucho más rígida de su panorama cultural; este radical cambio, preludio de una *década infame*, puso de manifiesto dos problemas:

1) el gran problema de la identidad argentina (e iberoamericana), debido a la naturaleza ilusoria y retórica tanto del modelo nacional-federal (la identidad como folklore americano) como del modelo progresista (la identidad como proyecto de europeización);

2) el gran problema de un lenguaje que, alrededor de los agotados esquemas de la poesía modernista y de la prosa positivista, aun no había logrado una síntesis satisfactoria entre mitología popular y literatura culta.

Martínez Estrada supo ver y vivir estos dos problemas como si fueran las dos caras de una misma esquizofrenia. Tanto la identidad como el lenguaje son expresiones solidarias y sociales. La desarticulación de la realidad histórica y geográfica del país (tanto urbana como rural), consecuencia de una violencia originaria y fundacional, hace de la desproporción, de la soledad y del aislamiento (en el tiempo como en el espacio) la estructura fundamental del ser argentino. Civilizar es medir. El hombre americano, condenado a vivir en un mundo que trasciende su medida, vive en perpetuo exilio de su propio ser social y nunca logra incorporarse a la historia como sujeto. Su historia es ilusión, engaño. *Radiografía* tiene en este sentido dos niveles de lectura, uno argentino (con "hermanos mayores" como Sarmiento, Hernández, Lugones, Quiroga) y otro hispanoamericano (Martí, Rodó, Henríquez Ureña, Paz, Zea, etc.). Su "psicoanálisis literario de la Argentina" (Pollmann, 459) se centra, pues, en la idea de que el país tuvo "en la infancia o prehistoria [...] una experiencia traumática por la que todo el desarrollo ulterior fue viciado" (450).

Argentina se nos presenta en la obra de Martínez Estrada como el organismo falto de conexiones de un gran monstruo bíblico. Sobre la hirviente anatomía de este Behemoth de ciclópicas entrañas el autor intenta la única operación analítica que se pueda intentar con la materia viva: la radiografía, es decir la búsqueda de un esqueleto que, por debajo del caos, sepa reconstruir el mapa de una organización funcional. La estructura vertebral ausente se identifica gradualmente con la causa (a la vez eficiente y final) de su ausencia: "Radiografiar es así dar sentido" (L. I. Weinberg, 490); el objeto de la radiografía es un espacio vacío: la Pampa, un laberinto cuya estructura real difiere de su pretendida estructuración racional; la Pampa es muchas cosas: según sugiere Pollmann es un espacio metonímico que reune en sus contradicciones ciudad y campo, civilización y barbarie; además, según Sigal, es la metáfora de un saber espectral, "una prision, un laberinto [...] el único escenario auténtico de la pseudo historia argentina [...] una ilusión" (513), un espejismo que transforma el hombre en un violador, un marginado, un fantasma. Una irreductible desproporción domina este espacio mental y cultural y condena al desequilibrio antropológico la conciencia del hombre argentino. Si como decía Turner la frontera es la estructura de la historia de EEUU, la Pampa es para Martínez Estrada la gran sinopsis de la historia argentina.

Con su "filosofía moral de pequeño burgués, hijo de inmigrante de primera generación" (G. Weinberg, xx), y su itinerario de autodidacta, Martínez Estrada supo ver como nadie los límites culturales de la implantación y del planteamiento sarmientinos. Esto lo tenía clarísimo: el gran problema de Argentina pertenece al ámbito de la cultura y de la identidad, no al de la tarea civilizadora. El error más grande de Sarmiento "fue el de ignorar que la civilización y la barbarie no eran antagonistas diferenciados [...] sino una mezcla entrañable en el seno de una sociedad primitiva" (Sigal, 364).

Una obra tan compleja en su ideología, en su lenguaje y en su proceso de formación, no podía analizarse satisfactoriamente por medio de la tradicional retórica de los géneros literarios, ni mucho menos con los tradicionales instrumentos de la erudición crítica. Por esta razón tenemos que considerar la iniciativa de Archivos como una importante aportación para una mejor explicación de las relaciones entre el texto y su contexto. Cuidar la edición crítica de una obra de nuestro siglo no puede limitarse a documentar (y neutralizar) la historia material del texto; una edición crítica moderna tiene que ofrecernos una biografía y una historia social de la génesis textual, "una biografía social que traduce la peculiar forma de incorporación del artista a su sociedad como intelectual en un período peculiar" (L. I. Weinberg, 476). Así se explica la paradoja aparente de una edición crítica dedicada a una obra de la cual no hay manuscrito (el autor los destruía) y que, a diferencia de otras del mismo autor, casi no ha conocido variantes en las sucesivas ediciones. Lo que cambia no es nuestra imagen documental del texto, sino nuestra imagen de su historia y de su estructura verbal. Es una edición dedicada a la génesis del texto y de su lenguaje. Es, tanto en sus vertientes lingüísticas (Rojas) y psicológicas (Sigal), como en sus vertientes biográficas (Cvitanovic) sociológicas (L. I. Weinberg) e ideológicas (Earle, Pollmann, Guérin, D. Viñas), un estudio sobre las correspondencias simbólicas entre dos metamorfosis: la de Argentina, de tierra del porvenir a tierra de enajenación, y la del propio Martínez Estrada, de hacedor a analista, de "poeta brillante" a "áspero y trascendente ensayista" y "pensador" (G. Weinberg, xv), capaz de transfigurar la historia y la geografía como si fueran una "proyección biográfica".

Los aparatos al texto, establecido y anotado por D. Cvitanovic (3-258), incluyen un cuantioso índice analítico (259-317), recopilado por E. M. Rojas y dedicado a aclarar la estructura léxica de la obra y la identidad histórico-cultural de los personajes citados, lo que permite al lector no argentino una mejor y más fácil comprensión del texto en sus muchísimos niveles. La tabla cronológica, recopilada por Cvitanovic (321-23), resume la parábola artística y biográfica del autor estableciendo paralelismos y relaciones con los acontecimientos más importantes de la época y de la historia cultural y política de Argentina. El propio Cvitanovic abre la sección dedicada a la historia del texto, subrayando la importancia de algunas circustancias biográficas, como los orígenes provincianos del autor, su condición de autodidacta, la lectura de Spengler y Sarmiento, el ejercicio de la profesión docente y el progresivo aislamiento profético en el que fue encerrándose después de *Radiografía*; para desentrañar las muchas y complejas sugerencias ideológicas y psicológicas que el texto deja entrever bajo la deslumbrante riqueza de su lenguaje, Cvitanovic evidencia también algunas correspondencias temáticas, estilísticas y bibliográficas entre el texto de *Radiografía* y los ensayos de los años cuarenta (*La cabeza de Goliath*, *Sarmiento*, *Muerte y transfiguración de Martín Fierro*). En la parte final, Cvitanovic intenta colocar al autor por un lado en el contexto representado por la vida cultural argentina de la época (difusión del ultraísmo, revistas, polémica literaria y política Boedo-Florida) y por otro en la gran tradición del irracionalismo europeo (Schopenhauer, Nietzsche, Spengler, Kafka).

"Martínez Estrada construyó en su obra una imagen de sí, su mito personal"; con estas palabras L. Sigal (349) empieza su análisis de la autobiografía ideal de Martínez Estrada, así como resulta de sus ensayos biográficos, su producción poética y sus cuentos; el núcleo de este mito (auto)biográfico arraiga en la transfiguración que el autor hace de sus orígenes inmigratorios, de su infancia y de su hogar provinciano. La vida adulta se le presenta como una tragedia, llevadora de ansias, apuros, vergüenza e inseguridad; contra todo ésto él busca amparo en la lectura y en la reivindicación del autodidactismo como forma libre y pura de la *asimilación* intelectual: "contra las condiciones impuestas, contra el tiempo, contra sí mismo, el autodidacta instaura un saber vital, orgánico" (359). En estos años el autor se veía a sí mismo como a "un joven triste, prematuramente envejecido y sabio" (373). A través de sus lecturas y de su escritura este joven se construyó "un panteón portátil", "una vasta familia espiritual de progenitores, hermanos y unos pocos hijos" (360) la cual, aunque incluya personajes como el gaucho Martín Fierro, la escritora V. Ocampo y la ciega sordomuda Helen Keller, se estructura en torno a dos parejas de personajes antitéticos: Sarmiento/Hudson y Lugones/Quiroga. "Hudson y Sarmiento personifican dos actitudes contrapuestas en el panteón de Martínez Estrada. En ambos reunidos, figura la serie de conflictos que se producen entre el anhelo de arraigo y la tentación del exilio [...], entre la literatura como misión [...] y el compromiso con la vida pública" (368). La alternativa entre Lugones ("un Lugones viril, masculino, un padre omnipotente, creador, inmortal", 369) y Quiroga ("hermano mayor", "padre bondadoso y protector", 370) adquiere particular importancia en relación con la reorientación literaria de los años treinta y, por ende, con la génesis de *Radiografía*: "Aunque Lugones nunca perdió su jerarquía [...] su fascinación fue temperada por el encuentro, en 1928, con H. Quiroga [...]. Quiroga, modelo de la fidelidad del artista a sí mismo y a su obra, se coloca así en el origen de su (de Martínez Estrada) conversión" (375-376). Dicha reorientación de la "biografía profunda de Martínez Estrada" (377) alcanza niveles casi obsesivos en la época peronista, cuando el exilio interior se vuelve llaga física, signo exterior de un papel profético y expiatorio de "Job reencarnado". Los cuentos de esos años, escritos al estilo de Kafka, preludian a la última metamorfosis del mito personal de Martínez Estrada, intento de rescatar su propia imagen asumiendo, con los viajes a México y Cuba, un papel de profeta continental. La última gran figura del panteón portátil de Martínez Estrada, la que resume y resuelve el largo "exilio interior" al que se condenó en vida el autor de *Radiografía*, es la de José Martí, "la prueba de que se puede lograr a la vez ser el líder político [...] de la revolución anticolonialista y el escritor latinoamericano por excelencia" (368).

¿Pero, dónde están las raíces de esta actitud de profeta herido, maniático y misántropo? Según Guérin en el concepto de *soledad*: "para Martínez Estrada la soledad fue un agudo y contradictorio sentimiento personal que documentó en sus cartas, expuso en su poesía, indagó en sus cuentos [...] y utilizó como versátil instrumento explicativo en su obra de ensayista" (385); en *Radiografía* la soledad es aislamiento, a la vez cultural y social. El hombre de la Pampa y de la ciudad están solos en el espacio y en el tiempo, aislados de la historia y perdidos en la geografía: "los habitantes rurales y urbanos de la pampa no conforman una sociedad" (386). Hay un proceso de múltiple polarización y jerarquización: indio/blanco; blanco costeño/gaucho, etc. Martínez

Estrada, a diferencia de otros ensayistas como Alberdi y Rojas, nunca asumió una perspectiva exterior al desierto y a la Pampa. La Pampa no es su objeto de indagación sino su punto de vista. La soledad es el núcleo de la herencia espiritual que el niño Martínez Estrada dejó al poeta y que éste transmitió al profeta. La soledad existencial del autor llega así a ser el "elemento central de su cosmovisión" hasta transfigurarse por un lado en "soledad esencial del hombre" y por otro en signo de un destino de héroe y profeta social.

D. Viñas, cuya contribución propone muchas preguntas interesantes, aunque responda a muy pocas, habla de "una especie de jansenismo rioplatense" a través del cual Martínez Estrada vino a ser después de la caída de Perón "un precursor [...] de lo que podía ser en la Argentina un intelectual de izquierda" (411); el autor de *Radiografía* "estaba en el centro de la dramática cultural de ese momento y todo se definía por su pro o su contra" (412). En los años siguientes, seducido por la vertiente utópica del castrismo, radicalizó su posición y se deslizó "de la Argentina hacia América Latina", "de Florida hacia Boedo". Todo lo de antes es en la biografía político-literaria de Martínez Estrada mucho menos claro. El texto de *Radiografía*, con su "difusa ambigüedad" de "es así pero", con su "tono epigramático" y con sus "pretensiones totalizadoras", reproduce según D. Viñas la compleja relación de Martínez Estrada con el modelo representado por Lugones: "*Radiografía* es una prolongación, prosificada e invertida de *Argentina*, poemario de 1927, al mismo tiempo que una sinuosa pero ineludible réplica a *La patria fuerte* y a *La grande Argentina* del Lugones de 1930" (415). En este sentido *Radiografía* refleja el eclecticismo cultural y la ambigüedad política de la década liberal. Todo esto sigue, según Viñas, hasta la publicación en 1948 de *Muerte y transfiguración de M. Fierro*. El aislamiento de estos años sería más bien un ademán literario que una realidad concreta: "Puede ser que imaginariamente Martínez Estrada se viviera en un ademán roussoniano [...] pero su cotidianeidad [...] de 1930 a 1943 está punteada [...] por una participación activa en la vida literaria. Incluso en la más institucional [...]. De su marginalidad, entonces, nada o muy poco. Y más bien todo lo contrario" (420). "Sólo después de la caída de Perón, en 1955, Martínez Estrada, al radicalizarse, se corre nítidamente hacia la izquierda [...]. Incluso hasta su exilio concreto" (421). Se remonta a estos años la ruptura con *Sur*. Las peregrinaciones geográficas e ideológicas de su última etapa dejan la impresión de que "toda su obra, a partir sobre todo de *Radiografía*, pudiera ser leída como un *Bildungsroman*" (423).

Esta ambigüedad se refleja también en las reacciones de la crítica, analizadas en detalle por R. Borello (desde las negativas de Borges y de los contemporáneos a las positivas de Murena y de los *parricidas*, que supieron encontrar en la denuncia profética de Martínez Estrada un valor ético desarrollado en conceptos como la soledad, la dependencia, la desposesión, la enfermedad, lo telúrico).

La última sección nos propone cinco lecturas del texto. La primera, de Pollmann, se centra en el ciclo de metamorfosis de la decepción padecida por los Conquistadores (trauma básico de la historia argentina): "la Conquista es, según Martínez Estrada, una manera de autoengaño que aún continúa" (452); esta decepción tiene como consecuencias geográficas y psicológicas la soledad, el aislamiento, el deterioro moral, la mentira, el miedo y en general "las seudo estructuras que produce el autoengaño" (457). La solución está en "enfocar sin ilusiones la realidad como es y aceptarla" (459).

P. G. Earle enfoca el tema de la identidad, desde una perspectiva continental: "La Pampa simbólica de Martínez Estrada podría compararse con el laberinto simbólico de Octavio Paz [...] ya que ambos configuran un sentimiento de soledad colectiva y de desengaño histórico" (464). La "experiencia de vivir al margen de la historia" (461) define el espacio literario del hombre argentino y latinoamericano, condenado a vivir en un "mundo patético" (470), cuya historia tiene un posible núcleo simbólico en la contraposición entre Rosas "líder en función centrífuga" y Sarmiento "organizador centrípeto" (467).

Esta condición paradójica es según L. I. Weinberg, un elemento característico en la estructuración estilística y conceptual de *Radiografía*. No es nada fácil radiografiar un paisaje que no tiene sino una estructura simbólica, "una región convertida en símbolo y mito fundador de la nacionalidad argentina" (472). La actitud profética, muchas veces explicada con motivaciones psicológicas, "en realidad obedece más bien a factores sociales e ideológicos" (477). La perspectiva marginal entonces viene a ser "un modelo alternativo de la historia argentina" (473); las paradojas se multiplican: "la tierra vence espacial y temporalmente al humano" (481); avanzando "hacia atrás" el conquistador resulta conquistado, pierde las raíces de su identidad y se pierde en el paisaje y en la historia; el mestizo "no es hijo de nadie biológica sino culturalmente" (487); la civilización argentina no es sino "barbarie encubierta" (482); "la barbarie no se ha extinguido; sólo se ha ocultado"; "en Argentina se ha pasado de una Trapalanda a otra" (486); todo esto no es sino una forma de cobrar "algún premio que no existe de alguna lotería que no se juega" (488-489). Esta sociedad elige como prototipos a unos héroes paradójicos, marginados, social y moralmente deformes.

Sobre esta deformidad y sus orígenes teratológicas vuelve también el ensayo de Sigal: "Martínez Estrada repite [...] el catálogo heterogéneo de las acusaciones sobre la monstruosidad de América [...] ve a América con los ojos europeos" (501), asume una perspectiva "eurocéntrica pero invertida" (510); en este sentido "El Estado ofrece el caso más interesante. Es la estructura deforme, por excelencia" (519); un monstruo militar y burocrático, "un esqueleto" que "no tiene vida por dentro", pero que falsea la historia e impone al país "una unidad formal y mecánica" (521). Con la burocracia nacen también otros monstruos: la ciudad y la clase media, con sus rasgos de frustración y cursilería consumista. Este repertorio teratológico hace de *Radiografía* la "negación del discurso iluminista oficial y para-oficial" y nos introduce en el "ciclo de un drama eterno sin salida" en el que el hombre "para olvidar su soledad, se niega a aceptar la realidad inventando utopías" (500). Todo ésto desemboca en "una utopía para siempre diferida" (536), porque *Radiografía* tiene una estructura mítica circular: el autor procede "como el mitólogo-*bricoleur* de Levi-Strauss, que organiza su campo instrumental en función de su objetivo" (505). En el lenguaje, a la vez profético y poético, "la metáfora asume un papel director" (506), a pesar de un léxico lleno de términos científicos (¡*Radiografía*!)

Al lenguaje es dedicado también el último ensayo de E. Rojas. Según la autora, el "discurso literario" de Martínez Estrada tiene varios niveles de estructuración (macro y micro estructuras). Su prosa alienta "un discurso cíclico", "un círculo que gira en torno al tópico central de *la tierra, la naturaleza*" (548). Los nombres de lugares (reales e imaginarios) tienen en algunos casos una fuerte ambivalencia simbólica: "*Trapalanda* es sinónimo de ilusión y de desilusión al mismo tiempo" (549). El pesimismo del autor luce en la obsesiva presencia de negaciones, coordenaciones adversativas, etc. El léxico lleno de tecnicismos y nombres propios es cuidado y presenta descomunal "profundidad semántica" (554). El estilo se caracteriza por períodos extensos, llenos de repeticiones, antítesis, simetrías, enumeraciones, formas verbales no personales, pronombres y adjetivos indefinidos, metáforas y comparaciones. El ritmo, establecido mediante estos recursos y un uso peculiar de la puntuación (para favorecer la elipsis verbal), tiene una gran importancia en el estilo de *Radiografía*, verdadera edición crítica de la Pampa, libro-espejo de un mundo en que "las cosas no son lo que parecen ser" (565).

Con esta cuidada edición, ejemplar en su manera de enfocar en sus varios niveles (artísticos, psicológicos e histórico-sociales) la génesis del texto, la Colección Archivos incluye ahora en su representativo y original catálogo de clásicos contemporáneos la obra sin duda más importante (aunque tal vez no la más lograda) de E. Martínez Estrada.

Universitá di Genova MARCO CIPOLLONI

RÓMULO GALLEGOS. *Canaima*. Edición crítica, Charles Minguet, coordinador. París/Madrid: Colección Archivos Nº 20, 1991.

La publicación de la edición crítica de *Canaima* equivale a un acto de justicia y una necesidad. Es una reivindicación para el mundo de las letras de una obra puesta entre paréntesis durante demasiado tiempo.

Varios pre-juicios impedían la lectura de *Canaima* siendo el más aceptable el deslumbramiento (y la consecutiva "ceguera" —el "encandilamiento", diría Gallegos mismo) causado por la "irrupción" de la nueva novela iberoamericana, cuya fuerza de plasmación creadora reorganizó el sistema de valoración literaria, situando la narrativa de los años 60 en el centro del interés. A partir de ese nuevo "centro" se inició una reevaluación de la narrativa anterior que fue tanto más intransigente y despreciativa cuanto que los lectores/críticos eran al mismo tiempo los novelistas de la nueva "onda". De ahí que esa re-lectura se haya convertido en una (casi) condena de la novela anterior, a saber: de la "novela regionalista" o "novela de la tierra" y, en nuestro caso, "novela de la selva", de ese tipo de narración, pues, en el que la naturaleza era considerada como el verdadero e, incluso, el único "personaje" de la narración. Una novela que estaba —como lo había formulado Fuentes— "más cercana a la geografía que a la literatura". Ahora bien, lo que el novelista de América Latina hubiera debido hacer, no era tanto la "geografía espiritual de los hechos naturales", según la definición de Pedro Grases, sino, siguiendo el postulado de Roa Bastos, "una geografía humana".

Pero ¿qué significa practicar una escritura más afín a la "geografía" que a la "literatura"? Significa asentar la preeminencia de todo lo dado sobre lo que está por hacer. Optar por el *espacio* y el *estar* en lugar del *ser* y sus virtualidades. Significa incluso abandonar el camino progresivo del dis/curso y caer preso en la atemporalidad del poema. Y ¿cómo no reconocer en *La Vorágine*, por ejemplo, esa inclinación poética, ese "torcimiento" de la prosa que tiende a convertirse en poema? En *Meditación del pueblo joven*, Ortega y Gasset había precisado, ya en 1939, la relación entre "espacio" y "atemporalidad" equiparando la geografía a la *prehistoria*. ("[...] cuando el espacio sobra ante el hombre reina aún la geografía que es prehistoria"). Una "prehistoria" que no es difícil reconocer, por cierto, en las novelas de Gallegos. Lo que urgía sin embargo —en la perspectiva de novelistas como Fuentes o García Márquez— era precisamente salir de tal *prehistoria*, era poner el texto en movimiento, asentándolo en el interior de coordenadas decididamente temporales e históricas. Al tiempo inmóvil y espacializado del *texto/ geografía*, de un texto que, al volver sobre sí mismo, apuntaba al poema o al mito, tenía que suceder el espacio móvil y temporalizado del *texto/ historia*, de un texto que, al fluir hacia el futuro, señalaba hacia el dis/ curso, hacia la novela. Lo que pasó es que más allá de aquel discurso y más allá del fluir de la historia, los novelistas de los años 60 irían desembocando a su vez en el mito. Los esperaba en efecto *otro* mito. No ya el del Génesis y del origen natural, sino el de esa Historia escrita con mayúscula, en la que tantos pondrían su "fe", sino —más aún— el de la Utopía.

Lo que críticos y escritores de la "nueva novela latinoamericana" les reprochaban a los escritores de la generación anterior era, finalmente, no sólo la opción por la "geografía" y la fascinación ante la naturaleza sino la visión que de ella tenían y la correlativa reducción del hombre a la "nada". Subrayar los poderes naturales equivalía a asentar el reino de la *fatalidad*. Y esa "fatalidad" era precisamente lo que los escritores de los 60 se proponían impugnar. Herederos del doble propósito surrealista formulado en 1935 por Breton —"Transformer le monde", a dit Marx; "changer la vie", a dit Rimbaud: ces deux mots d'ordre pour nous n'en font qu'un" (*Discours au Congrès des écrivains*)— los críticos/ escritores se rebelaban contra todo lo que les parecía poner en duda esa voluntad de "cambio". Un cambio en el que el escritor participaba despertando las fuerzas creadoras de la imaginación considerada como La Gran Fuerza Liberadora capaz de llevar al lector de América Latina no sólo a la conciencia de sí y de su propia condición, sino también a la autodeterminación de sus pueblos. El "lugar de la fatalidad natural" tenía que ocuparlo en adelante la libertad del hombre capaz de "plasmar" su propio destino y de "hacer historia".

Siguiendo los pasos de los conquistadores y descubridores, fascinados por la magnitud del nuevo mundo, los novelistas de la tierra, en cambio, parecían haberse concertado para afirmar que de la lucha contra la naturaleza el hombre no podía salir más que "vencido". "Se los tragó la selva". Con notable irritación Carlos Fuentes había recordado en *Nueva novela hispanoamericana* que los personajes de la novela de la tierra suelen desaparecer devorados por la naturaleza. "Marcos Vargas no puede competir con "Canaima": son más los poderes impersonales de la naturaleza que todos los valores que pueda convocar un venezolano aislado". Disiento. Marcos Vargas no fue vencido. Conoció una "victoria" más sutil que aquella que hubiera permitido su "entrada en la historia". Logró alcanzar aquel "lugar profundo del ser", gracias al cual pudo salir de aquel ruedo fatal en el que se enfrentan fatalmente los términos/hermanos enemigos. Al contrario de Arturo Cova, no fue "tragado por la selva", sino que entró *realmente* en ella, cruzando aquel umbral que lo convertiría en "figura" y "conciencia *de* la selva". A partir de su metamorfosis o "muerte iniciática", Marcos Vargas ya no mira la selva desde afuera, sino desde dentro. Transfigurado en el ojo del huracán, se ha vuelto *ojo* a su vez. Es ahora la mirada *de* la selva y nos mira desde allí. Hablar de "derrota" sólo es posible si se llama "derrota" a la compenetración del ser con el mundo. Si es "derrota" ese *saber otro* alcanzado por el que mira no ya con sus ojos sino con los "ojos" mismos de aquello que iba mirando.

He hablado de una reivindicación. Era tiempo, en efecto, que *Canaima* volviese a figurar entre las grandes obras de la creación latinoamericana. Faltaba además una edición crítica, dotada de un léxico, de una cronología y una bibliografía, que le ofreciese al aficionado los datos necesarios para su lectura y al crítico las herramientas imprescindibles para aquellos trabajos que contribuyen a lo que podríamos llamar tal vez una "mayéutica"; a saber: el arte de alumbrar en el lector un entendimiento del texto galleguiano que éste poseía ya sin saberlo.

Situada por José Balza bajo el sugestivo y ambiguo desafío "¿Se es o no se es?", la presente edición, cuyo coordinador es Charles Minguet, se compone de seis secciones (Introducción, Texto, Cronología, Historia del texto, Lecturas del texto y Bibliografía). El texto establecido por Efraín Subero se funda en aquel publicado en 1958 en Madrid y que figura en las *Obras completas* de Aguilar. Por haber sido corregida por el autor mismo, la edición de Aguilar puede ser considerada, en efecto, como definitiva. Las variantes que se señalan a pie de página acogen lecciones de la *editio princeps* (publicada en Barcelona por Araluce en 1935). Acompaña el texto un impresionante aparato de notas explicativas que abarcan tanto venezolanismos, expresiones del habla popular de Guayana, como referencias a mitos y leyendas; un extenso repertorio de términos históricos, geográficos, botánicos y zoológicos, junto con sus respectivas aclaraciones, constituyen un verdadero "corpus enciclopédico", que rebasa los límites de cualquier léxico habitual y que por la abundancia y precisión de la documentación merecería, en realidad, una bibliografía aparte. Concebidas para facilitar la lectura, estas notas redactadas por Efraín Subero representan una magnífica contribución a la exploración de la novela y sus resonancias guayanesas. De las informaciones de Efraín Subero sobre el "Génesis de *Canaima*" destacaré el hecho de que Gallegos escribió *Canaima* al mismo tiempo casi que *Cantaclaro*. La sugestión de una posible "contaminación" entre ambas obras merecería por cierto un examen más detenido.

En vista de que los textos de Gallegos surgen como "ex nihilo" y que en vez de conservar sus borradores el escritor prefería romperlos, no existe información sobre las etapas del trabajo redaccional. Tanto más interesará entonces la publicación y presentación/interpretación por parte de Gustavo Guerrero del *Memorándum* de Gallegos; es decir, de un cuaderno de notas tomadas por el escritor durante un viaje a Guayana entre el 15 de enero y el 9 de febrero de 1931. Verdadero pretexto de la novela y testimonio de la etapa inicial de lo que podríamos llamar el "camino de creación galleguiana", ese cuaderno (reproducido con máxima fidelidad) es una prueba tangible de la "investigación de campo" hecha por el escritor antes aún de emprender la redacción de *Canaima*. Puede servir pues para disipar posibles "alusiones" hechas por Alejo Carpentier tocante a la dudosa "documentación" de los escritores regionalistas. "Desconfío, de modo cada vez más fundado, leemos en *Tientos y diferencias*, de toda una literatura que solían presentarnos [...] como la más auténtica de América. Conozco a muchos de sus autores. Sé cómo reunieron su "documentación". Alguno hay que ha escrito una novela de la selva asomándose a ella durante un par de días." Lo que el cuaderno de notas revela, pues, es que Gallegos hizo más que "asomarse" a la selva, ya que su trabajo de campo se hizo con sumo cuidado. Al mismo tiempo Gustavo Guerrero precisa la índole del cuaderno galleguiano. Este no fue ni lugar o teatro de una reflexión sobre el "proyecto de escritura" (como el *Diario* de Lezama Lima) ni un discurso metatextual (como el *Cuaderno de bitácora* de J. Cortázar). Se concibió como "fuente" de informaciones para la composición de la futura novela, como "material" concreto en que ésta debía apoyarse, según lo vuelve patente, entre otros, el registro de observaciones y datos que van desde los precios de los alimentos hasta una lista de las herramientas del minero. Aunque de "signo naturalista", el cuaderno remite, precisa Guerrero, no tanto a una "sociología práctica", en el sentido de Emile Zola, cuanto a una "etnografía práctica".

En la cuarta sección reservada a la "Historia del texto", a la que pertenece el ya mencionado "Génesis en *Canaima*" de Efraín Subero, Gustavo Luis Carrera subraya (en "*Canaima* y sus contextos") la importancia del propósito educador que, desde la publicación de "Hombres y principios" (en 1909), no había dejado de preocupar al escritor. Un propósito que despuntará de nuevo en *Canaima* en el antagonismo, sobre todo, que opone explotadores y explotados, resaltando aquí la ejemplaridad del peón purgüero Encarnación Damesano. En "Arquetipos ideológicos y Culturales", Pilar Almoina de Carrera subraya la continuidad de *Canaima* con respecto a las crónicas y, en particular, *El Orinoco Ilustrado y defendido* de José Gumilla. Este es, me parece, el aporte más valioso del estudio que —en lo que se refiere a la "interpretación de los signos"— tiende a la esquematización. En unas páginas dedicadas a la "Recepción crítica de *Canaima*", François Delprat presenta una bibliografía crítica desde la primera reseña de Manuel Pedro González hasta la crítica de los años 80. En pocas palabras François Delprat logra precisar lo que diferencia los distintos enfoques críticos desde la crítica partidaria de la "teoría del reflejo" a la crítica "metafísica", del texto/testimonio al texto/fundación. El balance de los estudios y artículos pasados en revista se resume como sigue: "Sobran estudios temáticos y contextuales, faltan estudios intratextuales". François Delprat cierra el panorama de los avatares críticos de la novela con una reivindicación del lector ingenuo. Y, en efecto, ¿cómo no admirar el acierto "crítico" de la carta escrita por Isaac Pardo a Gallegos ya en 1935? Con fina ironía François Delprat recuerda que si todo queda por hacer, todo estaba de hecho ya *aquí*.

La quinta sección reservada a las lecturas del texto, abarca la ya mencionada interpretación del "memorándum" por Gustavo Guerrero, unas páginas dedicadas a "La realidad y el mito de la selva en *Canaima*", en las que Pedro Díaz Seijas presenta un cuadro actancial, y dos muy valiosos estudios de Janine Potelet y Françoise Pérus respectivamente. La originalidad del enfoque de Janine Potelet ("*Canaima*, novela del Indio Caribe") consiste en una reivindicación de la novela de Gallegos no sólo como revelación novelística de Guayana sino también como *novela del indio*, y, más aún, del Caribe. Obra de ficción a la vez que contribución a la representación del mundo indígena, *Canaima* es tributaria de numerosos informes etnográficos, de investigaciones científicas e histórico-antropológicas. A más de los escritos de Humboldt y del ya mencionado *Orinoco ilustrado y defendido* de José Gumilla, Janine Potelet destaca como fuentes más importantes *Por las selvas de Guayana* (1905) de Elías Toro y *Río Negro* (1906) de Tavera-Acosta. Lo que se desprende de ese estudio bien puede asombrar. Al contrario de

Pilar Almoina de Carrera, quien destacaba una "presentación del indio" que "no pasa de ser una visión externa y prejuiciada"(337), Janine Potelet afirma que, tanto en lo que atañe a descripciones etnográficas como en lo que se refiere a la ubicación de las distintas etnias indígenas, la exactitud de las informaciones no deja lugar a dudas. Así sorprende que la evocación de la vida cotidiana de la tribu de Ponchopire no sea una estampa "bucólica" sino que pueda ser considerada como una descripción etnográfica con detalles precisos sobre la vida y costumbres de los Maquiritares. Lo que parecía ser "ficción" revela ser "realidad". La "invención poética" es a veces, incluso, una cita textual.

Entre los aciertos del hermoso trabajo de Janine Potelet se destaca la interpretación de los capítulos "Tarangué" y "Aymara" como ejemplos de dos situaciones opuestas, la de los indios guaraúnos decaídos y reducidos a la miseria por el contacto con los explotadores del caucho y la de los maquiritares que, protegidos por su aislamiento, lograron conservar su identidad cultural, representando así un elemento "esperanzador" en ese sueño de redención del indio que alienta en la novela de Gallegos. Lo que se precisa asimismo en estos dos capítulos es una reivindicación de los valores vinculados a las "culturas indígenas" y una denuncia de la situación infrahumana de los indios, de aquella "descivilización" sufrida al contacto de la seudocivilización del blanco y mestizo, a la que se habían referido ya Humboldt, J.C. Salas, Rufino Blanco Fombona, Elías Toro, Tavera-Acosta y, en el ámbito de la "ficción", Rivera en *La Vorágine*.

Al fijarse en el contexto científico literario ligado al indio y las contribuciones que pueden considerarse como fuentes de inspiración de *Canaima*, el trabajo de Janine Potelet constituye una muy valiosa y original aportación al conocimiento de la génesis y configuración de la novela. Y si la orientación indigenista de la interpretación puede parecer excesiva, el "desequilibrio" es compensado de sobra por "la mise au jour" de esos nexos ignorados hasta ahora o puestos entre paréntesis. Estamos por cierto frente a un Gallegos desconocido, un Gallegos "experto" en materia etnográfica.

Al mismo tiempo, Janine Potelet recuerda que el problema de la integración y regeneración del indio queda en suspensión. Como libro de doble desenlace, *Canaima* no presenta solución definitiva. Lo que sí despunta es —siguiendo aquí dentro de la línea abierta por Vasconcelos— la idea del mestizaje como esperanza. En la figura del hijo de Marcos Vargas, en el que se consuma la unidad de las razas, continúa el diálogo del "Racional" Marcos Vargas y del Maquiritare Ponchopire, despuntando aquí la posibilidad de *otro encuentro* que, libre ya de toda intención dominadora y fuera del círculo vicioso de la violencia y la represión, se concibe como fraternidad.

También Françoise Pérus recalcará la importancia del "hijo mestizo" en el segundo de los dos estudios más importantes del libro, a saber: en "Universalidad del regionalismo: *Canaima* de Rómulo Gallegos", que —él también— ostenta las características de una defensa y reivindicación de la novela de Gallegos. En su extenso y detallado análisis, Françoise Pérus parte de las dos formas narrativas, en cuyo cruce de caminos se sitúa el personaje de Marcos Vargas, a saber: la novela de *formación* y la *"quête initiaque"*, demostrando que el uso de esas dos formas responde al afán de romper con el círculo "épico-trágico" del mito del *"hombre macho"*, dentro del cual el personaje galleguiano está condenado a girar. Al mismo tiempo Françoise Pérus subraya la presencia de la mitología greco-latina y, más aún, de los modelos implícitos de la novela y que son: la "odisea" y la *Eneida* o, incluso, la *Divina Comedia*. Con esa "mitología" irá entreverándose además el "mundo indígena".

La catarsis de Marcos Vargas a la que lleva la "quête initiatique" queda vista por Françoise Pérus como superación del inconsciente épico-trágico y conquista por parte de Marcos Vargas de un nuevo sujeto a la vez individual y social, de un nuevo "yo" capaz de reconocerse en la criatura desvalida representada por el "mono". En cuanto a los "guías" en esa *"quête"*, se llaman Ponchopire y Juan Solito (a los que Françoise Pérus "funde" algo atrevidamente en uno solo) y el conde Giaffaro, llevándose a cabo en y con esos personajes la unión del espíritu y de la materia. Según la investigadora, esa unión remite a un "terreno ético ajeno a toda metafísica", terreno que yo preferiría definir como el de una "trascendencia inmanente". Es difícil, en efecto, descartar del todo dicha "metafísica", puesto que son obvias en las novelas las componentes "religiosas". Pienso aquí no sólo en esas resonancias místicas que (acordes con esa corriente que desde el romanticismo hasta la Generación del 27 atraviesa la escritura poética y que habría que llamar una "mística de la materia") asoman en los instantes cruciales de la narración, sino también en la concepción *"ontológica"* del lenguaje, según la cual "nombrar" equivale a "bautizar", es decir a dar (junto con el nombre) el ser.

Lectura cuidadosa, sus momentos más logrados son aquellos quizás en que Françoise Pérus cede a su fascinación por la relación que descubre entre la estructura del texto y el sistema hidrográfico de la cuenca orinoquense, una relación que se impone con más fuerza aún tal vez en *La Vorágine* de José Eustasio Rivera. Así, Françoise Pérus recuerda que "[...] el proceso narrativo avanza en dos direcciones opuestas y complementarias. Río abajo hacia la catarsis de Marcos Vargas y el levantamiento de la barra del Orinoco. Río arriba hacia las claves milenarias del hombre tan desnudo de historia como el mono de Darwin, y el reencuentro con la historia perdida de la raza indígena. Las puntas de ese doble movimiento contradictorio se tocan como las del bejuco mediante la superposición de las imágenes con las que se abre y cierra el relato."

Señalemos de paso que ese doble movimiento figuraba ya de hecho en *Doña Bárbara*. Habría que recordar además que se trata aquí de una estructura propia de la escritura galleguiana. Varios personajes, en efecto, se dejan "descifrar" a partir y dentro de ese movimiento, dentro de ese ir y venir a la vez cósmico y respiratorio.

Lo que podría reprochársele al muy fundado trabajo de Françoise Pérus es lo que podemos reprocharle a la mayoría de los estudios críticos, a saber: la perceptible presencia de un "sistema", de un "molde", al que el texto de Gallegos tiene finalmente que atenerse. Casi siempre llega, en efecto, ese momento "crucial" (que muy pocos logramos eludir) en que se invierten las posiciones. Ya no es entonces el crítico el que aclara el texto, sino el texto el que "ilustra" —con la autoridad y la profundidad de la obra de creación— el propósito crítico. Llega el momento en que el escritor confirma al crítico. Esto es tanto más perceptible en el caso de Gallegos cuanto que, como recuerda con razón Charles Minguet, la novela es ambigua y "enigmática". Abundan en *Canaima* los cabos sueltos, las "figuras" de doble signo. Así, la "encrucijada", en cuya importancia insiste Françoise Pérus en su análisis del capítulo "Tempestad", es una *realidad* del texto galleguiano *en su totalidad*. A ese respecto habría que recordar ahora que Marcos Vargas "eligió al azar, abandonándose a la tremenda delicia con que acababa de rozarlo el temor de extraviarse"(149).

Mantener vivo ese "azar de la elección" no suele ser, huelga decirlo, una virtud de la crítica, ya que ésta se empeña, muy al revés, en probar la coherencia y el rigor del texto. Descartando pues esa "tremenda delicia" nacida del "temor de extraviarse" del *propio trayecto crítico*, el investigador procura —al contrario de Marcos Vargas— justificar su elección. Una vez elegida la ruta, el crítico progresa, en cierto modo, aplicando a su propio texto el "método de Juan Solito", es decir: "atando sus pasos". Condenado a lo "discursivo", se aleja forzosamente de aquella encrucijada inicial, de la cual, al dejarse guiar por el azar, Marcos Vargas no se aparta nunca. Así, para el héroe de Gallegos, el camino de la selva sigue preservando las características de la abertura propias de la encrucijada.

Ahora bien, seguir avanzando "*dentro* de la encrucijada", no fijarse sólo en la ambigüedad del texto, sino *ponerla en práctica* procurando abrir el texto a la multiplicidad de sus "posibles", equivale para la crítica —a más de ir en contra de lo que se suele enseñar— a un acto de abnegación casi "sobrehumana". Pedirle semejante abnegación a un estudio como el de Françoise Pérus sería pues "injusto". Y, sin embargo, precisamente por ser tan inteligente y sensible, daría gusto sustraerle a ese texto los presupuestos académicos, todo el aparato en que se apoya, enfrentarlo "desnudo de sistema" a las múltiples "voces" que habitan la novela misma, a su esencial y turbadora ambigüedad.

Así, daría gusto, por ejemplo, encontrar más hermosas comparaciones como aquella que Françoise Pérus está haciendo al relacionar el pasajero "chubasco" del capítulo "Pórtico" con el "huracán" catártico del capítulo "Tormenta". Lo importante, sin embargo, no son esos reparos, lo importante es que el estudio de Françoise Pérus esté invitando a hacerlos. Lo importante es, sobre todo, esta publicación de *Canaima* en una edición tan hermosa y provisoriamente definitiva, como puede serlo el texto literario mismo, es decir un texto que, por numerosas que sean sus lecturas, estará siempre "más allá", ofreciéndose como un "mundo" siempre abierto y —ahí va la paradoja— *definitivamente inconcluso*.

Universität Zürich   MAYA SCHÄRER

MIGUEL ÁNGEL ASTURIAS. *Hombres de Maíz*. Edición crítica, Gerald Martin, coordinador. París/Madrid: Colección Archivos, Nº 21, 1992.

Como todas las obras de la colección Archivos, esta edición comienza con una nota liminar de un autor importante. La nota de esta edición es un *collage* de citas que proceden de *Miguel Ángel Asturias, casi una novela,* el reciente libro —se acaba de publicar en 1991— del ya fallecido Luis Cardoza y Aragón. Este *collage* parece extremamente significativo en cuanto signo de la profunda reconciliación con Asturias de otro tan ilustre representante de las letras guatemaltecas. Cardoza y Asturias solían ser buenos amigos en su juventud pero luego sus caminos políticos y literarios estuvieron separados hasta ahora en que Cardoza dedicó casi un libro entero a la celebración de su compatriota.

A la nota liminar sigue la introducción del coordinador de la edición, Gerald Martin, quien presenta la obra y el equipo internacional de críticos que ha contribuido al alcance de este texto.

El artículo que discute el texto definitivo de la novela establecido por Martin nos indica que los manuscritos de la novela parecen haberse perdido quizás para siempre, hecho que hace su tarea tanto más difícil e importante. También nos explica que las variantes entre las ediciones de las siete editoriales que llegaron a publicar el libro son relativamente pocas y, con algunas excepciones, no muy significativas. La consideración de otros textos asturianos relacionados con la novela que se presentan en los "Apéndices" es quizás más valiosa al momento de establecer la evolución del texto. Aquí encontramos el relato "Gaspar Ilóm" de 1945 que luego marcará el comienzo de la novela; también "Luis Garrafita", escrito probablemente entre 1925 y 1930, que contiene de forma embrionaria algunas de las temáticas de *Hombres de maíz*, y el curioso "*Le sorcier aux mains noires*" cuya versión original en español se ha perdido (con excepción de la última hoja manuscrita). Aunque publicado en 1933 extrañamente fechado en 1935 por mano del mismo Asturias.

La complejidad estructural de esta novela asturiana y su indudable importancia como hito histórico en el desarrollo de la narrativa latinoamericana quedan definitivamente asentadas con la presente publicación de *Hombres de maíz* en la colección Archivos. La obra de Miguel Ángel Asturias, y esta novela en particular, han quedado subestimadas a causa de conflictos de carácter político, recelos intergeneracionales e, incluso, escaso conocimiento. De una vez por todas, esta edición brinda un importantísimo punto de partida para impulsar de nueva cuenta los estudios sobre el autor guatemalteco.

Pocas veces en el pasado, las ediciones críticas de textos literarios han tenido tanta importancia histórica como las publicadas por la colección Archivos. En el primer volumen de la colección: *París 1924-1933: Periodismo y creación literaria,* la recopilación de la obra periodística de Miguel Ángel Asturias durante su período parisino, sirvió para fijar, de manera definitiva, dos piedras miliares en las discusiones sobre la cronología asturiana: la génesis de *El señor presidente* establecida entre los años de 1927 y 1933 (en vez de 1940/46 como se solía pensar), y los embriones de *Hombres de maíz* cuyo proceso escritural comenzó entre 1925 y 1930 (en lugar de 1946/1949 como se creía hasta hace poco).[1]

A través de su gran complejidad, la novela desarrolla tres áreas narrativas principales: la realidad guatemalteca de Asturias; una visión histórica que abarca el período 1900-1949; y una representación general del desarrollo de la civilización occidental con el enfoque en el progresivo deterioro de las relaciones humanas y el empeoramiento de la enajenación.

Según nos aclara el coordinador en su nota introductoria, esta novela anticipa "nuestras actuales angustias ecológicas [...] y la gran ola histórica del feminismo" y "prefigura las luchas guerrilleras en el país, pues, como dicen varios personajes de la novela, 'sigue la guerra' en Guatemala" (xxviii). De hecho la novela toma como punto de partida el encuentro —violento— entre un grupo indígena y uno de ladinos que invaden su territorio a comienzos del siglo XX. Desde aquí, siguiendo un esquema marxista, la seis partes del texto indican la evolución desde las relaciones tribales, pasando por el feudalismo hasta llegar a una representación del capitalismo contemporáneo en la parte sexta. Resulta entonces que uno de los temas clave del texto es la relación conflictiva entre modos de producción basados en valores de uso, por contraposición con otros, basados en valores de cambio. Como concluimos al final de la

---

[1] Véase la reseña de la edición en *Revista Iberoamericana* Vol. LVIII Nº 159 páginas 693-696. Esta nueva publicación tiene una importancia adicional en este 1992 que ha visto la atribución de otro Nobel directamente relacionado con Guatemala. Después del reconocimiento, en 1967, de los méritos literarios de Asturias por la academia sueca, ahora ha sido Rigoberta Menchú, indígena maya quiché, quien ha sido premiada por sus contribuciones.

novela esta relación no tiene un desarrollo lineal, sino que coexisten distintos modos de producción en su despliegue narrativo.

Otro tema esencial de *Hombres de maíz* es el de las relaciones conflictivas entre una cultura principalmente oral y otra fundada en la hegemonía de la palabra escrita. Es ésta una confrontación dramática entre distintos modelos representativos y diferentes procesos en el establecimiento de la tradición. El drama de este encuentro es más evidente en la conquista en la medida en que la supremacía de los recién llegados iba siendo legitimada por textos cuya importancia resultaba ajena e incomprensible para los indígenas. La educación, que antes como ahora implica, a causa de las relaciones de poder, el abandono de la oralidad y su paso a la alfabetización, se da también como un proceso traumático de eliminación de una forma representativa —la oral— considerada inferior por otra tributaria de la cultura escrita. En su novela Asturias se esfuerza por preservar una visión del mundo, la de los indígenas considerados analfabetos desde esa otra opción, que corresponde también a una posición epistemológica diferente.[2] Esto indica la búsqueda, por parte del autor de la sobrevivencia de lo que, a veces violentamente, se pierde a causa de una presunta educación intelectual. Este es uno de los puntos claves donde se establece una relación directa entre el texto y la biografía del autor. No pretendemos decir con esto que en el texto hay una versión autobiográfica de la pérdida de la inocencia juvenil, sino que en realidad *Hombres de maíz*, en palabras del coordinador, es "una novela que inserta la experiencia propia [del autor] dentro de la historia de su país y de su continente, junto con una meditación sobre el lugar de América Latina dentro de la historia mundial" (xxii).

En la sección "Génesis y trayectoria del texto" Martin traza una serie de interesantes paralelos entre la vida de Asturias y las problemáticas conflictivas en la novela. El trauma del encuentro entre oralidad y escritura y sus correspondientes visiones antagónicas del mundo coinciden también con algunas de las experiencias vividas por el autor. En su infancia, entre los cinco y ocho años, Asturias vivió en la finca de su abuelo. Durante esta estancia, mientras aprendía a leer y

---

[2] Al momento de establecer el texto definitivo de *Hombres de maíz*, Martin es sensible a esta intencionalidad del autor de "comunicar el habla y la espiritualidad de sus compatriotas analfabetos" (xxxii) cuando decide mantener las correcciones estabilizadoras de la edición del 1953.

escribir, el pequeño Asturias también se hallaba en un contacto muy próximo con los niños indígenas del rancho, veía sus juegos y se relacionaba con su forma de representar realidad y creencias a través de la manipulación directa del barro. De regreso a la capital, el niño Asturias fue "víctima" de la introducción a la educación occidental más tradicional en un marco de rígida doctrina cristiana. Más adelante su educación de carácter religioso chocó con la formación de corte claramente positivista que se le impuso en la escuela secundaria. Al mismo tiempo, gracias a los negocios del padre, Asturias queda expuesto a la sabiduría popular de los comerciantes ladinos e indígenas que pasaban por su casa. Como reconocerá el mismo Asturias en una entrevista de 1966, el autor plasmó en *Hombres de maíz* la experiencia del habla popular y los recuerdos de aquellos personajes que se reunían por la noche para cantar o narrar cuentos.

El terremoto de 1917 —que destruyó casi completamente la capital—, cierra, según la interpretación del propio Asturias, su adolescencia y consolida aquel proceso de integración a la sociedad burguesa guatemalteca que culminó con la publicación de su tesis doctoral *El problema social del indio*. Varios críticos han discutido el tono y el contenido de este trabajo fuertemente etnocéntrico y marcadamente racista.[3] Baste decir aquí que Asturias claramente asume en su tesis una posición desde la cual el indio sufre una observación que lo transforma en "problema" a resolver sólo con la aculturación facilitada por la inmigración y la "ladinización", incluso genética, del indio-objeto.

---

[3] Véase, en esta misma edición crítica las discusiones de Gordon Brotherston, Arturo Arias y del mismo Martin. Hay que considerar que esta visión fuertemente etnocéntrica no se supera tampoco en *Hombres de maíz* en donde el indígena sigue siendo considerado como signo minusvalido bajo una visión "letrada" y no es agente protagonista de su propio destino histórico. Esta relación objectificadora aparece a raíz de la marginalización de la realidad indígena y, necesariamente, contribuye a la explotación de los indígenas. En su famoso testimonio, *Me llamo Rigoberta Menchú y así me nació la conciencia*, Menchú nos recuerda la experiencia trágica del enfrentamiento con los ladinos. El paradigma de esta confrontación puede establecerse a nivel textual si se traza el cómo Menchú misma se resiste a la asimilación de su testimonio por una cultura humanista de marco intelectual. También por eso la inclusión de citas del texto asturiano que encabezan numerosos capítulos del testimonio de Menchú parecen fuera de lugar.

Esta posición es importante para entender el núcleo de la experiencia de Asturias en París.

Desde 1924 a 1933 Asturias vive en París donde desarrolla una serie de experiencias intelectuales fundamentales para su obra. Mientras por una parte se encuentra con el surrealismo y la élite intelectual del momento, por otro lado, se da cuenta de que por su nacionalidad y sus rasgos evidentemente poco europeos, siempre se le confina a la posición de intelectual de la colonia. Quizás sea por esta relativa exclusión del "centro europeo" que Asturias se dedicó a conocer como mejor pudo, o sea desde las bibliotecas, la cultura maya. Sin tener conocimiento de los idiomas quiché y cakchiquel, Asturias tradujo al español el monumental *Popol Vuh* y los *Anales* cakchiqueles empezando por las versiones en francés de su profesor Georges Raynaud, dándose cuenta entonces de la importancia fundamental de estos textos para la identidad maya. Durante estos años investiga a fondo los trabajos académicos sobre los mayas y desarrolla una visión de la particular significación de este pueblo para la originalidad y universalidad de la realidad guatemalteca. En este contexto Asturias da pasos fundamentales en la preparación de *Hombres de maíz* y escribe, casi por completo, *El señor presidente* que, a pesar de haberla prácticamente terminado en 1933, publicará recién en 1948.

Nos parece probable que durante estos años Asturias vaya construyendo lo indígena como signo de guatemaltequidad, solucionando la dialéctica de su posición de "tercermundista" (el término todavía quedaba por inventarse) frente a los patrones culturales de París. Tanto *Hombres de maíz* como *El señor presidente* nacen entonces cobijadas por esta preocupación. Nos parece importante recordar que *El señor presidente* pertenece a aquellos años de París y no al período guatemalteco posterior a 1933.[4] De regreso en Guatemala, Asturias se enfrenta a múltiples crisis personales cuya trágica intensidad se detecta en la trayectoria del texto. Esta es esencialmente la teoría rectora que guía el trabajo del coordinador quien, reconociendo los límites impuestos a sus suposiciones por la falta de material biográfico sobre Asturias en el

---

[4] Cierta crítica, a pesar de las declaraciones del mismo Asturias, quiso caracterizar esta novela como expresión rebelde en contra de la dictadura de Ubico bajo la cual vivió el novelista. De hecho, como nos explica cuidadosamente el mismo Martin, Asturias nunca luchó en contra de Ubico y hasta cierto punto apoyó su gobierno como periodista y diputado.

período guatemalteco, plantea que existen paralelos importantes entre los acontecimientos personales, la estructura y los personajes de *Hombres de maíz* (479-505).

A pesar de la presencia que tienen las tragedias personales de Asturias en la novela, *Hombres de maíz* está lejos de ser un trabajo autobiográfico.[5] En ello debemos reconocer el enorme esfuerzo de integrar narrativamente distintos procedimientos representativos para articular una nueva visión diversificante de la realidad. A causa de *Hombres de maíz* se ha acusado a Asturias de excesivo espontaneísmo, demagogia y explotación negativa de la cultura indígena. La presentación de Martin casi sale de la vertiente opuesta: es a causa de cierto exceso de estructura y de la gran complejidad de la novela que la crítica ha caído en el desconcierto y la contradicción.

En su "Introducción" Martin plantea la dificultad de la lectura que, en sus palabras, considera "en gran medida ideológica y no hermenéutica" (xxiv) a la par de los acercamientos al *Ulises* de Joyce. El artículo sobre "Destino: la novela y sus críticos" desarrolla una elocuente narrativa analizando la recepción de *Hombres de maíz* desde su temprana publicación. Se nos explica que la negativa reacción crítica frente a la obra ha basado sus ataques en una supuesta falta de estructura, caracterizando el texto como una mal lograda colección de relatos. Aparte de las críticas claramente hostiles, Martin nos señala las grandes omisiones de que ha sido objeto *Hombres de maíz*. En particular nos parece importante la exclusión de Asturias y esta novela del trabajo de Ángel Rama, *Transculturación narrativa en América Latina* (México: Siglo XXI, 1982) que ha contribuido de forma determinante al avance de nuevos estudios de problemáticas que ya estaban manifiestas en esta obra.

En las secciones "Lecturas del texto" y en el *Dossier* de esta edición donde se ofrece una panorámica de la recepción de la novela, faltan estudios que representen esta posición abiertamente adversa hacia *Hombres de maíz*. Su inclusión nos hubiera parecido interesante pero, quizás, su ausencia se deba a que, como plantea Martin, "las perspectivas críticas de los estudios favorables superan con mucho los alcances de los detractores" (538).

---

[5] Hay que notar también que Martin caracteriza *Hombres de maíz* no sólo como "el libro del dolor de Miguel Angel Asturias, sino de su grandeza" ("Genesis..." 473).

La sección "Lecturas del texto" contiene estudios de un destacado grupo de seis investigadores que se acercan a la novela desde una interesante variedad de perspectivas temáticas. En "Los déspotas sumisos" el estudioso guatemalteco Dante Liano presenta una lectura histórica del período 1900-1949 como fase de consolidación del modelo liberal en su país a raíz del cual las oligarquías locales se convirtieron en dependientes del capital norteamericano. Arturo Arias, otro guatemalteco, novelista y profesor en una universidad californiana escribe a propósito de "Algunos aspectos de la ideología y lenguaje en *Hombres de maíz*." Toma como punto de partida, la —a veces cruel— polémica que tuvo lugar entre Asturias como representante de una generación anterior y los jóvenes y famosos narradores del *Boom*, como Gabriel García Márquez. Traza la evolución ideológica del autor y reconoce su gran contribución a la formación de una identidad nacional tanto en el campo político como en el de las letras, y logra privilegiar la importancia de un lenguaje representativo en vez de descriptivo en relación a las temáticas indígenas. Las intervenciones de estos dos críticos guatemaltecos nos parecen de suma importancia porque ponen en evidencia que el estudio de *Hombres de maíz* va ganando espacio en el contexto de las letras de Guatemala, y facilitan la apertura de una posibilidad para que en el futuro se superen las tensiones y el rechazo que ha demostrado la nueva generación hacia la obra asturiana.

El estudio de Martin Lienhard, sobre las problemáticas de la transculturación, plantea la significación de un texto como *Hombres de maíz* en la literatura indígena del area maya. El texto va más allá de la arrogancia de un indigenismo que pretendió hablar *en nombre del* indígena. El tratamiento estético-literario no lo deja caer en la categoría indigenista; la mitificación del referente —no hay una pretensión de caracterización étnica— lo salva de la demagogia. Lienhard nota que en la economía narrativa asturiana "(L)o 'indígena' le sirve a Asturias para crear la apariencia de un 'mito' —no indígena sino ladino. Lo 'indígena' sólo interesa en la medida en que deberá entrar a formar parte de una identidad nacional guatemalteca que Asturias quiere contribuir, sin duda, a construir" (584). Aunque exista esta relación utilitaria, Lienhard anota que *Hombres de maíz* hizo pesar su influencia en obras posteriores, por la ruptura con el supuesto "realismo" indigenista anterior y por haber abierto una nueva etapa entre "prácticas científicas y literarias, un diálogo que parece decisivo para su evolución respectiva" (592).

El artículo de Dorita Nouhaud contribuye a esta sección con una lectura general del mito de la diosa madre a lo largo de la obra de

Asturias y *Hombres de maíz*. Concluye su ensayo con una referencia a las teorías de Jacques Lacan a propósito de la constitución del significante. El desarrollo de este acercamiento desde una perspectiva lacaniana a la obra de Asturias parece ofrecer enormes posibilidades para la crítica, considerando por ejemplo las dinámicas opresivas propias del sistema simbólico o la posición de la mujer, en la formación del sujeto.

En su estudio sobre "Gaspar Ilóm en su tierra", el catedrático británico Gordon Brotherston comienza con algunas consideraciones sobre este cuento publicado en 1945, y nos indica cómo Asturias logra presentar al indígena en una posición no pasiva sino rebelde. Nos ilumina también a propósito de los ecos del *Popol Vuh* y la mitología maya que se reconocen en el texto asturiano. Su artículo resulta un excelente ejemplo del esfuerzo crítico por incorporar la literatura indígena en el alcance de las consideraciones académicas.

Concluye la sección de lecturas con el trabajo de René Prieto "Tamizar tiempos antiguos: la originalidad estructural de *Hombres de maíz*" que estudia la novela ofreciéndonos un extenso análisis estructural con particular atención a los elementos de la cosmogonía maya (fuego/agua, animales, números, colores) que proporcionan unidad a la novela. Prieto concluye su ensayo con una visión de posibilidad hacia un futuro de "tolerancia" y "respeto mutuos" donde se se podrá reconocer la importancia de "las enseñanzas del autor centroamericano más sensible al futuro y más orientado hacia el pasado" (644).

El *Dossier* contiene textos igualmente interesantes. Abre la sección "*Quand Miguel Angel Ásturias disparut*", poema de Aimé Césaire escrito en ocasión de la muerte del guatemalteco y publicado más tarde en la edición crítica de 1977 de *Tres de cuatro soles*. Es de lamentar la ausencia de una nota bibliográfica que indique a pie de página el origen del texto. Sigue el artículo de Mario Vargas Llosa que fue, en su momento, introducción a la recordada edición crítica de *Hombres de maíz* en 1981, coordinada por el mismo Gerald Martin (Edición Crítica de las *Obras completas* 4 París-México-Buenos Aires: Klincksieck/Fondo de Cultura Económica, 1981). Esta presentación es claramente significativa por cuanto Vargas Llosa pone en evidencia la complejidad de la novela asturiana ofreciendo un importante tributo y reconocimiento de la nueva generación hacia la anterior tradición narrativa. Vargas Llosa también considera en detalle la importancia del estudio de Gerald Martin en aquella edición y nos hace notar tanto su prolijidad como su rigor académico. Termina su artículo agradeciéndole a Martin por sentar "un precedente tan calificado" en el estudio de las letras latinoamericanas. El autor peruano también toma su distancia y denuncia como "discutibles y peligrosas" algunas de las posiciones de Martin y hasta lo cita para indicar su desacuerdo. En esta nueva edición Martin mantiene esta misma posición en su intervención sobre la recepción crítica de la novela. Quizás hubiera sido interesante conocer la respuesta del académico británico a la acusación de Vargas Llosa.

Sigue uno de los textos príncipes en la recepción crítica de esta novela. Es el ensayo *"Hombres de maíz*: el mito como tiempo y palabra" con el cual el chileno Ariel Dorfman logró, ya en 1967, llevar la novela a la atención de los lectores profesionales que, hasta entonces, la habían ignorado casi completamente. Anticipa así un análisis que pone en evidencia la compleja estructura de la novela y revela la evolución unitaria del texto. Este trabajo resulta esencial también, porque con sus notas empieza el esfuerzo meta-crítico fundamental que alcanza su punto álgido en la presente edición crítica. Nos parece muy apropiado que el artículo termine con una postdata escrita especialmente para la presente edición por el propio Dorfman en la que concluye citando el texto asturiano y comentando la continuidad de su labor en defensa de la novela: "la vida no puede perderse, es un riesgo eterno pero eternamente no se pierde" (674).

Otro trabajo sumamente importante es el artículo del colombiano Carlos Rincón que desarrolla un cuidadoso análisis de la función de elementos propios del surrealismo y del realismo mágico en la obra asturiana. Rincón toma una posición crítica hacia Asturias demostrando que el autor guatemalteco no pudo reconocer completamente en su obra la importante función de reelaboración ideológica que tuvo y sigue teniendo. Tras habernos presentado a Asturias como mejor novelista que teórico, Rincón cierra su ensayo indicando que la obra literaria asturiana "no solamente es parte del movimiento de liberación y de constitución de una cultura democrática y antiimperialista en el subcontinente. Ha contribuido, además, al rebasamiento del marco cultural y de las construcciones ideológicas que determinaron sus propias búsquedas e intento de definición poetológica" (722). Palabras muy importantes que sellan definitivamente el crítico reconocimiento de la obra asturiana.

El trabajo de Guillermo Yepes-Boscán sitúa a Asturias en el grupo de escritores que comenzaron el proceso que desemboca en el éxito de la novela de los sesenta insertando a la novela latinoamericana en un movimiento de renovación estructural y lingüística. En "La aventura de las lenguas imperiales", Jean Cassou presenta a Asturias como representante y actor del encuentro entre España (lo occidental) y el "Nuevo Mundo". Lingüísticamente, explica Cassou, este fenómeno se manifiesta en la creación asturiana de un español "americanizado". Ronald Christ, en *"The text as translation"*, presenta a *Hombres de maíz* como una narrativa que reconstruye un mito grandioso no solamente por su objeto sino principalmente por su forma. El artículo de Perla Petrich, "*Hombres de maíz*: un motivo mesoamericano", ofrece una perspectiva metodológica distinta a las demás en esa sección. Nos da, a través de un acercamiento antropológico, un estudio semiótico textual e intertextual del motivo del maíz en el *Popol Vuh* en una versión del mito sobre el origen del maíz tanto en Guatemala como en el Sur de México y en el texto asturiano.

Es lamentable advertir que el alcance científico de esta edición queda ligeramente obstaculizado por la presencia de algunas imprecisiones tipográficas. En primer lugar, el propio Martin nos advierte con una nota en la página xxxiii que las referencias a las primeras 24 páginas del *Texto* tienen que ser aumentadas en una unidad a causa de un problema de paginación. Pero también nos percatamos que hay algunas referencias que no corresponden. (Por ejemplo, no existe la nota *e* en la página 9/10 del Texto mencionada en la página xxx; la referencia a la nota 258 debería estar en la página 259). Son errores que se deberían evitar en un texto de indudable valor científico como éste. Hay también imprecisiones tan evidentes como la de la página 501: el período de la vida de Asturias se encabeza "1944-66" debiendo ser "1954-66". Evidentemente han habido algunas fallas en el proceso de revisión y corrección.

Las "Notas" que siguen al texto definitivo son un esfuerzo ejemplar de labor académica. Tanto por su extensión (ocupan 120 páginas de la edición) como por la precisión crítica (muchas llegan a tener la amplitud y complejidad de verdaderos ensayos), las notas son claramente una de las razones que convierten a esta edición en un texto imprescindible para la biblioteca de quién, experto asturiano o no, quiera aproximarse a un texto que finalmente rinde justicia a la riqueza de la obra asturiana.

Cierra la presente edición una extensa bibliografía, establecida por Gerald Martin, que demuestra con su variedad (de Freud a Jung y de Eliade a Levi-Strauss) la tremenda convocatoria y el extenso universo cultural de la obra del Nobel guatemalteco.

La presentación de esta edición contribuye de forma determinante al avance de la difícil labor crítica de abarcar la complejidad estructural y temática de esta obra. Mientras siga el esfuerzo académico hay que esperar que vaya aumentando el reconocimiento de la importancia de esta novela. Particularmente en Guatemala, donde Asturias ha sido —sorprendentemente— poco leído, un instrumento crítico de tanto valor permitirá nuevas consideraciones sobre la problemática de la representación del grupo indígena. Evidentemente el indio como signo de una identidad nacional revela un interés esencialmente ladino. La realidad indígena sigue aún hoy siendo representada, incluso políticamente si consideramos la relaciones de poder ante el gobierno guatemalteco, principalmente por no-indígenas. El fallo trágico ocurre cuando confundimos los intereses del uno por la realidad del otro. Un atento estudio de *Hombres de maíz* nos permite considerar de cerca esta confusión y evitarla, posibilitando una visión más clara de nuestro mundo. Conocer mejor nuestra realidad también implica reconocer nuestras limitaciones y, de quererlo así, nos ofrece la posibilidad de superarlas.

University of Pittsburgh   GOFFREDO DIANA

AGUSTIN YAÑEZ. *Al filo del agua*. Edición crítica. Arturo Azuela, coordinador. París/Madrid: Colección Archivos Nº 22, 1992

Un repaso de la bibliografía establecida por la profesora Sun Mee Byun que aparece en las últimas páginas de esta edición, es ya índice claro de la importancia que tiene la actual publicación de *Al filo del agua*. Esta novela —clave para entender el desarrollo de la literatura mexicana contemporánea— y su autor han sido prácticamente olvidados tanto por los investigadores como por las editoriales durante la última década (prueba de ello son los escasos trabajos publicados sobre el tema).

En líneas generales, se puede afirmar que esta edición es, sin duda alguna, la más completa y rigurosa de cuantas han visto la luz. Al establecimiento de un texto filológicamente preciso, se le añaden las contribuciones de un amplio grupo de investigadores, cuyos aportes van desde la profundización en aspectos concretos de la obra de Yáñez hasta el estudio del contexto histórico y literario en que ésta surgió. Seis son los grandes apartados en los que se estructura este volumen. Así, el texto de la novela aparece acompañado de una amplia introducción, una cronología biográfica y literaria del autor de Jalisco y una exhaustiva bibliografía sobre el tema. Son fundamentales, además, los artículos de investigación incluidos en el volumen, que han sido ordenados según sus contenidos en dos grandes apartados: "Historia del texto" y "Lecturas", respectivamente.

Abre el capítulo de estudios Antonio Gómez Robledo que, en un tono matizado de nostalgia y de amistad, va perfilando los que fueron primeros años e influencias fundamentales recibidas por el joven Yáñez. No es posible olvidar que esta "Memoria" es la transcripción de las palabras que el filósofo de Guadalajara pronunciara en el homenaje que se tributó al creador de Jalisco, dos años después de su muerte. Gómez Robledo se centra en el Agustín Yáñez hombre que nunca olvidó —más bien al contrario, siempre insistió y ahondó en ello— sus humildes raíces mexicanas de "obrero y campesino" (xvi). Fue, en efecto, profundo el apego de Yáñez a su paisaje —estímulo constante— y a su tierra. Clara muestra de ello es toda su obra literaria, en la que es reiterada la alusión al presente y al pasado de su pueblo, así como también los temas en los que se centran sus trabajos no menos importantes e interesantes de investigación. Temprana es, además de profunda, su vocación literaria. Como afirma Gómez Robledo, Agustín Yáñez sacó a la luz sus primeras publicaciones antes de cumplir los veinte años: "el libro más antiguo que conservo de él, *Divina floración*, contiene el poema en prosa "Caravana de mendicantes", leído por su autor la noche del 5 de diciembre de 1942 en el teatro Degollado (...) y antes de este librillo, según consta allí mismo, tenía su autor publicados tres más: *Tipos de actualidad, Ceguera Roja* y *Llama de amor viva*" (xvii). Interesante es también para comprender estos años la aportación de José Luis Martínez, autor que va configurando un recorrido a través de las primeras incursiones de Yáñez en la literatura, sus lecturas de infancia y adolescencia y su participación en lo que podría denominarse "una generación literaria" fruto de tertulias, curiosidades e intereses compartidos.

Es, sin embargo, *Bandera de provincias* la aportación más destacable de Yáñez al panorama cultural del México de su tiempo. Una revista que, en palabras de José Luis Martínez "llegaría a ser la más valiosa que se ha publicado en la provincia mexicana de nuestro siglo" (309). El primer número apareció en mayo de 1929 manteniéndose durante apenas un año "no porque nadie la hubiera abatido, sino porque habíamos dicho ya lo que en aquel momento teníamos que decir" (xviii). "Medio de expresión y aprendizaje" (270) según Ignacio Díaz Ruiz *Bandera de provincias* abarcó diversas áreas de cultura: traducciones, literatura de vanguardia y literatura popular, todo ello con el fin de "establecer vínculos y relaciones con otras revistas y grupos coetáneos, hermanarse a su actualidad, a su contemporaneidad, crear nexos con la capital y con Europa" (280). Su principal mérito fue, no obstante, la posibilidad de rastrear ya en su conformación ideológica, las directrices sobre las que luego se sustentaría toda la obra de Yáñez: ese afán por el estudio de lo mexicano sin olvidar nunca las aportaciones foráneas a la literatura y al mundo de la cultura y de las ideas. *Bandera de provincias* fluctuaba entre lo nacional y lo universal. Joyce, Claudel, Baudelaire eran referencias literarias fundamentales en tanto que el cine, la pintura o la música, temas predilectos de Yáñez, también tenían amplio eco en sus páginas. Muy en especial la música que, afirma Gómez Robledo, fue ganando en vitalidad a medida que más vital y perfeccionada era la obra escrita de Yáñez. De igual forma fue clave la filosofía —cuyo estudio propició el éxodo del escritor a la capital—, materia que aportó al novelista jalisciense técnica, rigor y una gran capacidad de observación y análisis de la realidad. Coincide esta época con la de mayor fluidez de sus escritos de investigación, con acercamientos a Las Casas, crónicas y mitos precolombinos, a todo aquello que pudiera expresar y explicar la "mexicanidad" convertida ésta ya en su principal obsesión.

Al filo del agua es el tema central del comentario de Arturo Azuela, coordinador de la edición. En su introducción, Azuela destaca los rasgos innovadores de esta novela en el contexto de la narrativa del momento. Olvidada la anécdota y los modos costumbristas, Yáñez se sumerge en fórmulas aún no empleadas por desconocidas y por ello frágiles. Audaz, verdadero, tradicional e innovador son algunos de los calificativos que emplea acertadamente este investigador a la hora de describir al narrador Yáñez, cuya novela considera una de las tres más relevantes del siglo en México junto a *Los de abajo* y *Pedro Páramo*.

Adolfo Caicedo Palacios, por su parte, en su "Nota filológica" aborda *Al filo del agua* apoyándose en la idea de que, por su contenido autobiográfico, es posible rastrear las conexiones casi siempre profundas, entre gran parte de las creaciones de Yáñez. Los personajes aparecen una y otra vez re-escritos y redescubiertos en diversas etapas de sus vidas —que coinciden con las de la obra de Yáñez—. Como "actos preparatorios" o consecuencias, todas las plasmaciones literarias del autor estudiado tienden a su creación primera, es decir, a *Al filo del agua*. Establece Caicedo como fecha inicial en la composición de este libro, 1942. De hecho, y bajo el título tachado de "Oriana", el relato se prestaba a formar parte de las páginas de *Archipiélago de mujeres*. Longitud, necesidades expresivas y posibilidades claramente latentes, contribuyeron a que el resultado final fuera el libro aquí estudiado. En su composición, señala el investigador, es posible diferenciar "tres momentos escriturales relacionados con tres grandes núcleos narrativos" (xxviii): los capítulos "Aquella noche" y "Canicas" y la irrupción de Victoria, "la extranjera" en la vida cerrada y oprimida del pueblo de mujeres enlutadas de Yáñez. "Grandes núcleos narrativos" que dan lugar a un mecanuscrito de 389 páginas cinco veces editado con anterioridad a ésta. "La última edición que apareció aún en vida de Yáñez y alcanzó a cuidar minuciosamente y a modificar fue publicada por Editorial Porrúa, S.A. de México, en 1979" (xxxii). Formada por mil ejemplares, se constituye en el texto base del actual volumen.

Por su parte, Ignacio Díaz Ruiz se centra en la obra intelectual y vida personal del autor de Jalisco en relación a su participación como "testigo, personaje, cronista, crítico, narrador, maestro, gobernante, ministro" (275) del México de nuestro siglo. En su aproximación a *Al filo del agua*, manifiesta que esta novela es la que "define esencialmente el pensamiento estético e ideológico de este intelectual", "sin duda el logro más significativo de su producción literaria" (275). Ahonda pues en las raíces de la novela y para ello repasa la biografía esencialmente sentimental del autor, las señales que determinados episodios de su infancia y juventud dejaron en su vocación de escritor. Díaz Ruiz hace, en este sentido, un recorrido por aquellas experiencias, lugares y viajes que fueron modelando al joven Yáñez. También insiste en su inclinación temprana hacia la literatura, el derecho o la filosofía, disciplinas que luego formarían parte de su quehacer docente, investigador y literario. Es en este último campo en el que es más claro el impacto de la infancia, del mundo provinciano en la que ésta tuvo lugar. Algunas de sus obras, de hecho, pueden ser consideradas recreación de esa época de juegos y apertura emocionada a una realidad llena de claroscuros, luces y sombras, de canciones campesinas y los primeros coletazos, a veces sangrientos, de una revolución en marcha. Recuperación de los recuerdos de la infancia es, como bien señala Ignacio Díaz Ruiz, una de sus primeras obras, *Flor de juegos antiguos*, título sugerente que encierra "un impecable testimonio de las preocupaciones de su autor por destacar y perfilar los ámbitos provincianos" (278). Niñez que se transfigura en adolescencia en las páginas de *Archipiélago de mujeres*, espejo literario de un mundo afectivo en el que ya aparecerían las primeras páginas no definitivas de su obra capital. Introspección y monólogos interiores son ya recursos formales que van instalándose en su obra y que alcanzarán su máximo desarrollo y perfección en *Al filo del agua*. Novela publicada "en tiempos de crisis y grandes dudas, de experimentación y búsqueda de temas más audaces" (285) en palabras de Arturo Azuela, investigador que sitúa la novela más importante de Yáñez en su contexto literario e histórico. Señala Azuela la agonía y la angustia que provoca la ruptura de los viejos esquemas, ruptura necesaria, inevitable y a la que de manera clara va a hacer frente Yáñez. El espacio y el tiempo han dejado de ser entes unívocos, es preciso ahondar en las conciencias, en lo más profundo del ser humano hecho personaje de la mano de los escritores. Fluctúan éstos ahora entre la provincia y la ciudad, lo religioso y lo mundano. Azuela sitúa a Yáñez en esta corriente de contradicciones e interrelaciones, en una década —de 1945 a 1955— en la que *Al filo del agua* tiene como egregios compañeros a relatos de la talla de *El aleph*, *El reino de este mundo*, *Los pasos perdidos* o *Pedro Páramo*, definidores de esa etapa clave de la literatura hispanoamericana. Es vital en ese momento la influencia de las Generaciones españolas del 98 y en mayor medida del 27, de nombres como Kafka, Pappini o Steinbeck, la adopción de las técnicas cinematográficas. La linealidad se quiebra en ondas sucesivas y entremezcladas, la Revolución abandona su posición de privilegio y deja paso a otros temas, a otras preocupaciones. En este contexto se publica *Al filo del agua* cuya divulgación es muy escasa en sus primeros años, aun a pesar de la entusiasta acogida de algunos críticos cuyos elogios Ignacio Díaz Ruiz califica de "mínimas reacciones" (294). Como todos los estudiosos que participan en este volumen, el profesor mexicano insiste en el carácter innovador de *Al filo del agua*, en su preocupación por temas nacionales así como en el empleo de instrumentos formales nuevos para la narración, procedimientos literarios a los que Pura López Colomé dedica especialmente su artículo "La modernidad en *Al filo del agua*".

El "Acto preparatorio" de la novela de Yáñez es ya una inmersión en un ambiente estancado y opresivo, dominado por el luto, la resignación, los sones de campanas y la onmnipotencia de una iglesia poco dada a los cambios y ajena a una evolución que ya está teniendo lugar en otras zonas —no tan lejanas— de la República. A medida que se avanza en la lectura, aparecen y desaparecen personajes que no son sino la materialización de la atmósfera descrita en el capítulo introductorio. La elaboración de ese ambiente y la presentación de los personajes se lleva a cabo por medio de unos determinados instrumentos formales. Estilo y técnica son analizados y descritos por José Luis Martínez que los considera, en esencia, una "búsqueda de expresión artística" (324). La novelística del escritor mexicano, en opinión de este crítico, se fundamenta en muy variados recursos: el lenguaje popular se entremezcla con el periodístico, el monólogo con rezos interminables, plenos de musicalidad. Es una literatura en la que es posible rastrear elementos de "poética narrativa" y así lo destaca en su artículo Françoise Perus. Esta investigadora incide sobre todo en el conflicto entre deseo y moralidad que invade y configura las características tanto del pueblo creado por Yáñez como de sus habitantes. El aislamiento y el poder de una iglesia anquilosada que sólo al final de la novela va dando paso a las ideas renovadoras preconizadas por personajes como el Padre Reyes son el fermento de terrores que se manifiestan en monólogos, ritos y gestos. Perus analiza la formalización de estas realidades. Apunta e interpreta elementos como el ritmo —a veces intenso, otras casi inexistente— de la historia, la presencia o no de la voz del narrador o la estructuración de los episodios, entre otros; métodos formales de los que Yáñez se vale para organizar la materia de su novela. En el fondo, y según apunta la investigadora, la Revolución actúa como pretexto. Su irrupción provoca el estallido de conflictos ya sugeridos desde las primeras páginas. Es, a un tiempo, bisagra que separa definitiva y contundentemente lo nuevo de lo viejo. Todos los movimientos de la novela, nunca lineales, al principio lentos e inconexos, fluyen y se dispersan en la segunda parte y dan lugar a resultados impredecibles antes. Sobre estas bases, es evidente la posibilidad de rastrear diferentes niveles de lectura en *Al filo del agua* como señala Carlos Monsiváis en su colaboración.

El texto de *Al filo del agua* ha sido establecido y anotado por el profesor Arturo Azuela. Lo acompañan varias páginas de notas explicativas que van desde su interrelación con obras literarias que de una u otra forma influyeron en la escritura de Yáñez —*Doña Perfecta* de Galdós o los *Sonetos* de Fray Luis de León, por citar algunos ejemplos—, a la explicación de episodios concretos de la obra, alusiones a otras narraciones del autor o brevísimas reseñas biográficas de personajes históricos mencionados en las páginas de la novela. Cuenta también con un glosario de voces o expresiones que podrían parecer extrañas a hablantes alejados del ámbito de lo mexicano.

Por todas las características reseñadas y según señalaba al comienzo de esta nota, la presente edición de *Al filo del agua* será la que sin duda alguna aproxime más al lector a una novela que es hito fundamental en el panorama narrativo en lengua castellana de nuestro siglo XX.

Universidad de León (España)   BELÉN ALONSO DE SANTIAGO

RICARDO PALMA. *Tradiciones Peruanas*. Edición crítica. Julio Ortega, coordinador. París/Madrid: Colección Archivos Nº 23, 1992.

NUEVA REALIDAD, NUEVO GÉNERO: LAS *TRADICIONES PERUANAS* DE RICARDO PALMA

El XIX hispanoamericano es un tiempo rico en situaciones sociales y políticas ya que nos encontramos en el momento y lugar de la formación de las naciones en Latinoamérica. Este momento coyuntural busca su expresión, entre otras posibilidades, en una producción textual cuya lectura —y tomo este término en su más amplio sentido— se hace urgente. El proceso cultural que anima al XIX en esta parte de América está marcado por la manera (o la búsqueda de dicha manera) de representar las jóvenes realidades que surgen una vez que se ha consolidado la independencia política. Hay, inicialmente y en más de un aspecto, un rechazo por el inevitable vaso comunicante con el inmediato pasado colonial. Se hacen también presentes las discusiones sobre las lenguas nacionales que ayuden a fijar el espacio de una nueva identidad. Estos puntos, a su vez, buscan una manifestación textual que no termina de delimitarse y cuyo paso, aún inseguro como el de la realidad que le toca representar, busca definiciones que ahora corresponde a nosotros definir. En medio de este joven desorden, hay un discurso hegemónico que trata de fijar el pasado para hacer lo propio con el presente: el discurso de la Historia. En el campo del arte, el contexto en cuestión está marcado principalmente por el romanticismo, traído también de España aunque luego tome su propio rumbo en Hispanoamérica. Se trata, entonces, de una forma de encuadrar las posibilidades de comprensión, representación y expresión de la realidad que consiste, en esta ocasión, en la posible delimitación y definición de lo nacional. En medio de este proceso, la labor de Ricardo Palma cumple un papel ejemplar con su obra más conocida, las *Tradiciones Peruanas*, que se presentan en esta nueva edición de la Colección Archivos.

Ricardo Palma, hombre del XIX hispanoamericano, curioso y cuidadoso lector de los signos escritos y orales, fijador de la memoria popular que se transfigura pronto en un archivo cultural (junto al otro, el archivo de papel); es el sujeto que interpreta y defiende la información que encuentra en estos archivos. En este sentido se convierte en el intermediario y recreador de discursos encontrados y teóricamente antagónicos: el discurso histórico frente al popular, lo escrito y lo oral, lo oficial y lo no oficial, lo dominante y lo dominado, lo que se entiende en ese momento como el centro y la periferia. Y, sin embargo, la separación entre estos modos de comprender y configurar la realidad naciente no puede ser tajante, el clima de indefiniciones que las rodea en un contexto inevitable lo confirma. Palma comprende esto muy pronto y decide encontrar la línea que separa (¿o une?) estas posibilidades de comprensión y los modelos de representación —abundancia y carencia— que ha apuntado J. Ortega para esta época.[1]

No le resulta fácil a Palma encontrar la correcta expresión que plasma en sus *Tradiciones*. Poeta, autor teatral, colaborador de periódicos satíricos, comentarista y prologuista de otros autores, aficionado a la Historia y ensayista en ese campo, lexicógrafo y defensor de la lengua nacional y sus "peruanismos" (lo que hoy se reconoce como parte de la labor de la Sociolingüística), novelista de una novela truncada —*Los Marañones*, que se perdió en una invasión a Lima durante la guerra con Chile—, son los múltiples roles de este escritor que sigue una difícil y larga trayectoria hasta que encuentra su verdadera carrera: escribir tradiciones. De esta manera, Palma nos transmite una imagen de la cultura peruana a través de sus libros de poesía, sus ensayos históricos —no siempre rigurosos—, sus notas biográficas y de viaje y sus aportes a los estudios de la lengua. No obstante, a través de este cuerpo literario vasto e irregular, Palma se ocupa también de la Historia no oficial del Perú. Y para este propósito se sirve de dos fuentes: la Historia oficial escrita y la Historia popular de la gente común. Es *hic et nunc* donde surge la tradición como posibilidad genérica que desarrollará una interesante evolución textual, como lo demuestra Compton en su artículo.[2]

Esta nueva edición de las *Tradiciones* nos lleva a plantearnos dos preguntas: ¿Qué es una tradición? y ¿por qué se escriben tradiciones? Justamente aquí se trata de lograr una respuesta y proponer modos de acercamiento a estos textos. Tres son los propósitos principales que se manifiestan en este volumen y que se mueven en el terreno de ambas cuestiones. En primer lugar, hay que proporcionar una nueva lectura que no sea sólo arqueológica como el de la crítica que ha tendido a ver

---

[1] Julio Ortega, "Las Tradiciones y el proceso cultural del XIX hispanoamericano", "Historia del Texto" de esta edición.
[2] Merlin Compton, "Las Tradiciones y la génesis del género", "Lecturas del texto".

la obra de Palma como la de un nostálgico del pasado colonial o sólo en tanto costumbrista. En segundo lugar, se propone una recuperación crítica que invite a renovar la investigación sobre las obras de este autor. Finalmente, cabe establecer un conjunto fundamental de tradiciones —previo cotejo de sus múltiples ediciones— con el fin de ofrecer una edición crítica exhaustiva y confiable, y esto es lo que se hace aquí.

Ahora bien, nuestra pregunta como lectores curiosos e interesados es ¿se logra una respuesta a las preguntas anteriormente indicadas y de qué manera? Además de presentarnos un texto filológicamente fidedigno que pueda ser empleado como texto de partida para la investigación, se constituye a cabalidad en esta edición un *corpus* de lecturas, análisis y aproximaciones plurales al texto en cuestión. De esta forma, se nos proporciona una Historia del texto en su contexto y condiciones de producción y las consecuencias que se derivan de él como propuesta de representación de una realidad. La presentación del texto es clara, distinta y discreta —empleo las metáforas lingüísticas aquí— y el acercamiento multidisciplinario nos ofrece lecturas entre las cuales se aprecia también una evolución (de la misma manera como se ha tratado de la evolución de Palma para llegar a su decisión genérica en las tradiciones). De lo que se trata, entonces, es de lograr una lectura desprejuiciada y renovada mediante una selección de las tradiciones que mejor representen los temas y estilos del autor, así como de las etapas de su obra. Con esta finalidad se han cotejado las ediciones y antologías más conocidas hasta lograr un conjunto textual que responda a un consenso de lectura.

La Historia editorial y literaria del texto, desarrollada por Flor de María Rodríguez-Arenas, explora el origen y la evolución de las *Tradiciones*, las fuentes de las que se sirvió el autor y la pregunta por su definición. El estudio valioso de Julio Ortega sobre el XIX hispanoamericano, citado líneas arriba, nos devuelve un contexto donde interactúan el problema de la representación americana (con sus modelos antagónicos de abundancia y carencia), la reformulación de los géneros artísticos y literarios (dentro de lo cual vemos la discusión sobre la relación entre Historia y Ficción) y la discusión sobre la lengua nacional que descubre una comunicación plurilingüe recogida en sus detalles por Palma. Asimismo se demuestra la necesidad de un trabajo aún por hacerse como es la correlación entre la formación de las naciones y sus correspondientes formaciones genéricas.

En general, hay pocos trabajos que se dedican a la naturaleza y función de las tradiciones a pesar de la extensa bibliografía recolectada sobre estos textos. Desde esta perspectiva, el *Dossier* de esta edición ofrece reflexiones acerca de la obra palmiana que sirven precisamente de puntos de partida a nuevas aproximaciones de lectura. Esto mismo es lo que se cumple en la sección "Lecturas" del volumen comentado. Ambas secciones abren el camino a temas sugestivos por desarrollar que despiertan curiosidades investigativas.

En un intento por reconstruir la génesis del género, Merlin Compton[3] señala que la tradición nace como obra de arte cuando se presentan las siguientes condiciones (reconocidas por el mismo Palma): lo poco que se ha escrito sobre la colonia; la mala conservación de los archivos históricos; la necesidad de reconstruir dichos archivos y realizar esta labor sin dejar de atraer al lector, motivo por el cual hay que combinar las galas del romance con la narración histórica. Justamente aquí surge uno de los problemas principales en lo que respecta al género de la tradición. González[4] la describe como un género que se encuentra a medio camino entre la historiografía y la ficción narrativa. La tradición es, para este autor, antigenealógica y antigenérica. Sin embargo para otros participantes de este volumen, se trata más bien de una representación literaria del pasado —que vale confrontar con la novela histórica— (Georgescu[5]) o, yendo un poco más lejos, una forma de conservar el pasado con el fin de que el presente —y se refiere al momento en que vive Palma— resista los embates de la Historia inmediata (Oviedo[6]). Ahora bien, si seguimos en la línea de razonamiento que ve a la tradición como género intermedio, Unzueta[7] nos la presenta como alternativa al discurso histórico hegemónico, ya que las instancias de Historia y ficción constituyen elementos activos en el reordenamiento del imaginario histórico nacional. Según esta idea, el autor concibe a la tradición —o a su conjunto— como un rompecabezas con piezas autónomas que re-crean y re-presentan la realidad discontinua y fragmentada de la nación joven. Y hacia estos dos aspectos (recrear y representar) se dirige la perspectiva lingüística estructural del artículo de Escobar[8] quien sigue atentamente los pasos de la construcción de la tradición. Se observa

---

[3] *Ibid.*
[4] Aníbal González, "Las Tradiciones entre la Historia y el Periodismo", *"Lecturas"*.
[5] Alexandru Georgescu, "Lectura moderna de Palma", *"Dossier"*.
[6] J. Miguel Oviedo, "Ricardo Palma", *"Dossier"*.
[7] Fernando Unzueta, "Las Tradiciones y la cuestión nacional", *"Lecturas"*.
[8] Alberto Escobar, "Tensión, lenguaje y estructura", *"Dossier"*.

ahora a la tradición como *textum*, tejido de signos, y no solo en relación a sus fuentes o su contexto. De este modo, Escobar demuestra que Palma pasa del testimonio que recoge a la técnica del retrato y de allí al descubrimiento de un devenir que se transforma y que se expresa mediante un lenguaje simbólico. El resultado textual consiste en la fantasía contenida en la ironía que, a su vez, refleja el quehacer del signo literario: signo en rebeldía que construye su realidad poética.

La tradición también inaugura un discurso sobre los saberes y sobre las ideologías (Ortega). En tanto producto híbrido textual que destaca un género intergenérico, las *Tradiciones Peruanas* constituyen un canal de transición de los discursos: el de la Historia incorporado en el de la narración. Por ello hay que verla como el producto elaborado de un largo proceso de emancipación poética y literaria. La tradición se escribe porque quiere reflejar el trabajo literario e intelectual del XIX hispanoamericano y se coloca también en el lugar de una narración alternativa al de la nacionalidad. Es por este motivo que ha de ser reconocida como alegoría de la comunicación plurilingüe y, por ende, multicultural.

El hecho de ver a la tradición como parte de un proceso comunicativo llama la atención no sólo sobre su emisor sino también sobre el receptor del cual nuestro autor está muy consciente. En su artículo, L. Loayza[9] nos habla de la tradición también como forma de literatura didáctica ya que enseña y entretiene. Sin embargo, se señala que Palma suspende sus intenciones críticas en relación al pasado colonial con el fin de complacer a su lector ¿Qué podría decirse, entonces, si se aplicaran los razonamientos de la teoría de la recepción a la obra palmiana? F. M. Rodríguez-Arenas[10] se ocupa de las técnicas textuales que tienen que ver con el lector en las *Tradiciones Peruanas*. Palma no es sólo consciente de su lector sino que busca expresamente crearse un público. Es así como el tradicionista emplea estrategias discursivas para seleccionar a su lector, atraerlo e inclusive construirlo en el sentido de educarlo para lograr su cooperación y —¿por qué no?— complicidad. Tal vez las *Tradiciones Peruanas* sean uno de los textos más dialogantes con su lector, de los que podamos encontrar. Precisamente el empleo y efecto

---

[9] Luis Loayza, "Palma y el pasado", *"Dossier"*.
[10] Flor de María Rodríguez-Arenas, "Las Tradiciones y el proceso de su recepción", "Lecturas".

de la oralidad sirve para acercar al autor con su lector. El lector palmiano resulta, de esta forma, sumamente activo y participante en la construcción final del texto literario. González también se ocupa del receptor refinado que exigen las *Tradiciones*. De modo semejante a Rodríguez-Arenas, González plantea como hipótesis de trabajo el empleo de recursos de la retórica periodística (sátira y *fait divers*) con el objetivo de criticar y desmontar el andamiaje genealógico del historicismo decimonónico. El aspecto oral-coloquial —que obedece a la indefinición genérica ya mencionada— responde a la necesidad de la presencia textual del autor, demiurgo que torna lo casual en causal. Es así como nos encontramos con la crítica a la autoridad y a su empleo del discurso histórico como instrumento de poder.

Crítica y oralidad conducen al humor y a sus formas de expresión: sátira e ironía. Investigar los mecanismos de estos modos de producción es lo que se propone Tanner[11] al estudiar y clasificar las técnicas de la ironía en la obra de Palma. Relacionado con esto, Martinengo[12] ha señalado ya la existencia de sátira, humor y poesía en el ensayo histórico de Palma, *Anales de la Inquisición de Lima*. Recordemos aquí que no hay humor desde el terreno de lo oficial que suele ser tomado como lo serio y también como lo histórico. La Historia oficial tiene que ser seria. El humor viene del pueblo y de su cotidianeidad oral. Y Ricardo Palma se empeña en leerlo asiduamente. Ahora bien, el tono humorístico no sólo entretiene, detrás de la ironía siempre hay crítica. Las críticas a la autoridad y a su discurso (mecanismo) de poder confluyen en una sola idea que podríamos resumir de la siguiente manera: Palma emplea el discurso de la Historia para revertirlo sobre sí mismo, y lo combina con su opuesto discursivo: lo oral-popular. Muchos críticos se han preguntado si Palma fue un romántico nostálgico del pasado colonial. Ya hemos indicado que Compton nos demuestra la trayectoria que recorre el género palmiano, desde la memoria romántica hasta la tradición antirromántica. Palma no es, por lo tanto, un nostálgico del pasado. Esto ha sido una impresión equivocada que llevó a muchos críticos a tildarlo de conservador. Todo lo contrario: Palma emplea ese pasado para levantar una sanción sobre su propio presente. Palma no puede ser un conservador ya que, entre otras cosas, percibe la

---

[11] Roy. L. Tanner, "Las Tradiciones, entre la ironía y la sátira", "Lecturas".
[12] Alessandro Martinengo "Historia y poesía", *"Dossier"*.

formación de una lengua nacional y la defiende ante las autoridades que se ubican, precisamente, en el pasado colonial. Palma, como bien lo señala Unzueta, es un liberal y un nacionalista que busca, en todo caso, un "efecto de lo histórico" para lograr una imagen de lo múltiple, fragmentario y discontinuo que definen a la peruanidad del XIX. El efecto de la risa corrosiva de Palma sobre sus fuentes históricas es expuesto también por Lavallé.[13]

¿Se han contestado nuestras preguntas? Creemos que los méritos de esta edición radican en una seria fijación del texto, con aclaraciones metalingüísticas pertinentes que no estorban su lectura. De la misma manera, el aparato descriptivo y analítico que se ofrece, enfrenta cabalmente el problema de un género naciente, que corresponde también a un período histórico en sus inicios. Se intenta así proporcionar elementos rigurosos para una respuesta satisfactoria a nuestras interrogantes. Asimismo se cubren áreas más específicas relativas a las técnicas del texto como mensaje y a su naturaleza altamente dialogante. Las *Tradiciones Peruanas* constituyen un conjunto textual provocativo que merece ser leído y aprehendido con las funciones que cumple en el contexto diversificado donde surge. Su actualidad se hace patente en su crítica a los discursos hegemónicos empleados como mecanismos de poder. Frente a ello, se expone una alternativa para revertir el efecto alienante que proviene del ejercicio del poder. Palma y su obra, como bien lo señala Bonneville,[14] conforma un programa en el presente, que se obtiene en esta ocasión por una vía confiable y exhaustivamente revisada.

Ahora es el turno del lector curioso y del investigador, quienes pueden motivarse por los temas que se sugieren en esta edición. Algunos problemas que aún no se resuelven son de índole general como, por ejemplo, la discusión sobre el género de la tradición —que no se termina de localizar— y, con esto, el cuestionamiento de las clasificaciones rígidas en materia de géneros literarios. Si éstos son representaciones clasificatorias de la realidad, debieran cambiar como lo hace la realidad que representan (la lengua lo hace y Palma fue perfectamente consciente de ello). Un punto que no se termina de aclarar es la posición que parecieran compartir ficción y discurso oral-popular en tanto que ambos se oponen a la Historia. Es cierto que se adoptan diferentes puntos de

---

[13] B. Lavalle, "Ricardo Palma, miniaturista", *"Dossier"*.
[14] H. Bonneville, "Ricardo Palma en el presente", *"Dossier"*.

vista para estas oposiciones, pero creemos que sería valioso despejarlas en su aplicación a las *Tradiciones*. Surgen también temas más específicos como el tratamiento de la muerte y sus metáforas en la obra palmiana, o la conversión de lo cruel en efecto tragicómico, así como el siempre presente tema de la recepción que va cambiando a través del tiempo.

El autor, Ricardo Palma, y el equipo responsable de esta edición han propuesto. Su mensaje se vuelve desafío. Ahora es al lector —tanto al lingüísticamente ingenuo como al no ingenuo— al que le corresponde disponer.

Brown University   ROCÍO QUISPE-AGNOLI

PONER LA ESCRITURA POR OBRA: PERSPECTIVAS DE LA CRÍTICA GENÉTICA EN AMÉRICA LATINA

Voy a entrar en materia, por la puerta de la ficción, con una fantasía futurista, una escena del mañana. Yo quiero imaginarme a un lector del año 2040 o 2050 que ha comprado los cuentos de Horacio Quiroga, una colección de ensayos de Alfonso Reyes o —¿por qué no?— una novela de José Balza; yo quiero imaginarme a ese lector —*mon semblable, mon frère*— en la intimidad de su estudio o quizá en un despacho, encendiendo una computadora para insertar la disqueta que contiene la obra, pues, a todas luces, el libro por venir no será un libro sino un progama de informática. Nuestro lector, al cabo de unos minutos va leyendo el texto que, de un modo lineal y continuo, desfila en la pantalla. De pronto, una frase, un párrafo un episodio de la historia le llaman poderosamente la atención. Bastará entonces con pulsar una tecla para que, en la superficie del rectángulo, empiecen a sucederse los distintos estadios redaccionales por los que el fragmento seleccionado pasó antes de llegar a la versión definitiva. Yo quiero imaginarme que nuestro lector puede recorrer libremente estas variantes e ir descubriendo, en cada uno de ellas, una encrucijada creativa, los caminos virtuales que hubieran podido conducir a otros relatos, a otros argumentos y, por supuesto, a otros textos. El programa le ofrece así una posibilidad de leer otras obras en la obra y, sobre todo, la posibilidad de leer la obra de otra manera, a saber: como un texto en movimiento que se va configurando gradualmente en el campo de la pantana, allí donde la profundidad del espacio es una imagen del tiempo y el juego de las variantes, una puesta en escena del proceso de escritura, la representación del gesto creador.

Ciertamente, mi visión del mañana tiene mucho de utópica, pero, como todo relato de ciencia ficción, esconde un modo de hablar del presente en futuro. Y es que el tipo de edición y de lectura que acabo de describir no tardarán en hacerse realidad entre nosotros gracias a los trabajos de una crítica genética que comienza a abrirse paso en América Latina con la aparición de los volúmenes de la colección Archivos. En el seno de este vasto proyecto editorial, que contempla la publicación de más de cien títulos de nuestra literatura, la nueva disciplina ha sabido mostrarnos, en los últimos años, las perspectivas de otro horizonte de interpretación, de otra forma de leer, que abrigan grandes promesas y que la convierten, hoy por hoy, en una de las vías principales por las que la crítica latinoamericana va adentrándose en el fin de siglo. Como tal, no puede menos que despertar nuestro interés, pero, para acercarnos a ella, para tratar de cernir su especificidad, no quisiera referirme, sin embargo, sólo a la modalidad de lectura que representa sino también — y ante todo— al objeto muy peculiar que la distingue.

En efecto, a diferencia de las demás corrientes interpretativas que se fundan en el examen del texto publicado de una obra, la crítica genética trabaja esencialmente con el "pre-texto", es decir, con el conjunto de documentos autoriales que resultan del proceso de composición, desde los primeros esbozos hasta las últimas correcciones efectuadas por el autor en el texto de los ejemplares impresos. Borradores, copias mecanografiadas u ológrafas, notas, cuadernos de trabajo, esquemas, pruebas de página e incluso los más insignificantes papelitos, todos estos materiales y muchos más entran así en la esfera del análisis y conforman ese objeto único y plural que es el pre-texto, un objeto constituido o, mejor, reconstituido, ya que, para abordarlo como dinámica de escritura es necesario hacerlo pasar del estado de cajón de sastre al de archivo. Tal transformación conlleva evidentemente una serie de operaciones textuales que nos recuerdan el origen filológico de la crítica genética y obligan al crítico a desarrollar una labor rigurosa de la que depende la existencia misma del pre-texto. Mencionemos, entre las diversas áreas que Pierre-Marc de Biasi estudia, la datación y la clasificación de cada pieza en un orden estricto, y la transcripción del conjunto de materiales destinados a formar el archivo pre-textual.

Sin lugar a dudas, este proceso nos parece aún demasiado largo y engorroso a todos los que estamos acostumbrados a trabajar sólo con textos editados. Además, el estado de dispersión en que se encuentran los manuscritos de muchos autores latinoamericanos representa a menudo un obstáculo insoslayable a la hora de constituir el pre-texto siguiendo un rígido esquema que, por si fuera poco, no sólo lleva aparejada una exigente tarea filológica, sino que, con frecuencia, supone desplegar otras artes que nada tienen que ver con los objetos de la disciplina. Así, en América Latina, el crítico genético debe convertirse repetidamente en un detective privado para seguirles la pista a los manuscritos y descubrir dónde se encuentran y quién los tiene. Cuando por fin ha logrado localizarlos, le corresponde entonces hacer gala de su talento diplomático para negociar el acceso a los materiales e incluso las condiciones de la investigación. Pero, por encima de todo, el crítico genético debe estar dispuesto a transformarse, entre nosotros, en un santo Job y tiene que armarse de una infinita paciencia cuando le toca lidiar con las viudas, los hijos, los nietos, los conservadores y legatarios, con todas las personas públicas o privadas que tienen la posesión efectiva de los manuscritos y que ven siempre con suma desconfianza que un crítico venga a meter las narices en los papeles de *su* autor. De ahí la necesidad aún más: la urgencia— de que se centralice el depósito de manuscritos en instituciones y bibliotecas capaces de repertoriarlos y de preservarlos, y susceptibles de canalizar el acceso a unos materiales que, tarde o temprano, serán patrimonio común de todos los latinoamericanos.

Los problemas que la formación del archivo pre-textual puede plantear no son, pues, pocos ni anodinos, cuando se corre ya con la suerte de que existan los manuscritos de la obra, lo que no siempre ocurre. Y, sin embargo, a pesar de tantas dificultades, esta labor filológica de constitución del pre-texto ha ido arrojando sus frutos en el plano anecdótico y representa actualmente el lecho de una revolución silenciosa que está modificando nuestro conocimiento de varios autores y títulos claves de la literatura latinoamericana. Citemos la corrección de más de setecientas erratas y omisiones en el texto de *Paradiso*, verdadera tarea de restauración efectuada por el equipo de Cintio Vitier, para la edición crítica de Archivos, en base a los originales de Lezama Lima. Señalemos también la próxima aparición de una versión desconocida de *Museo de la Novela Eterna* en la colección, gracias al hallazgo de una copia que estuvo extraviada hasta 1977 y que viene a transformar, en muchos aspectos, la obra que todos hemos leído. ¿Y qué decir, en fin, de la formidable labor de Americo Ferrari al establecer el texto de los poemas de Vallejo que hasta ahora sólo conocíamos en ediciones muy corrompidas, dispuestos en un orden que no reflejaba el estado en que el autor los dejó y con títulos que nunca les puso, como los famosos *"Poemas humanos"* o los *"Poemas sociales"*?

En todos estos casos y en muchos más, el trabajo con los manuscritos ha permitido el establecimiento de textos más limpios, más seguros y, a veces, sencillamente novedosos, que están cambiando el rostro de nuestra literatura. Pero, aunque pueda contribuir a ello con la constitución del pre-texto, la auténtica vocación de la crítica genética no está, a mi ver, en este esfuerzo filológico por establecer un texto, por "fijarlo". Yo la concibo más bien, a la manera de Jacques Neefs, como un intento de desestabilizarlo abriéndolo a la multiplicidad de sus estadios anteriores, a la profusión de sentidos que marca cada etapa de su génesis al trabajo ilimitado de una escritura que sólo se hace texto para someterse a la ley de la obra. Y es que existen al menos dos maneras de leer una edición crítica. La más frecuente, la más fácil y convencional, nos invita a leer las variantes subordinándolas al texto; la otra, aquella que corresponde propiamente a la crítica genética, somete el texto a la prueba de las variantes y nos enseña a leerlo, en palabras de Louis Hay, como un "efecto de su génesis", es decir, como el último episodio de una larga lucha entre la idealidad del proyecto textual del autor y la materialidad del proceso de escritura. Lo que un texto nos cuenta a través de los manuscritos es así su propia historia, una historia conflictiva, hecha de tachaduras, de borrones, de repeticiones y enmiendas, una historia que asocia al azar y a la necesidad, y la relativiza, de facto, nuestra sacrosanta noción de "obra" y de "versión definitiva".

Constituido el pre-texto, la labor del crítico genético entra, pues, en su fase interpretativa, que se desarrolla como un análisis de los distintos estadios textuales, cuya finalidad es estudiar las tendencias, los métodos y mecanismos que se dibujan y desdibujan en el movimiento de la escritura, las encrucijadas eventuales y las rutas decisivas que se siguen y se suceden a lo largo del proceso de composición. En esta búsqueda de un sentido que es aún deseo de la obra por venir, las piezas del archivo pre-textual se animan hasta convertirse en un teatro abierto del pensar y el escribir donde se representa una trama extremadamente compleja que el crítico tiene que elucidar. Como disciplina interpretativa, la genética vuelve a encontrarse aquí con las demás formas de hermenéutica que trabajan con el texto publicado de una obra y su relación con ellas es de estrecha colaboración, pues, obviamente, no se trata de substituir una crítica por otra. Las lecturas formales, estilísticas o temáticas ofrecen una información y un instrumental analítico que, a menudo, se revela indispensable para el examen de los manuscritos. Este, a su vez puede arrojar resultados que corroboran, rectifican o renuevan las interpretaciones elaboradas en base al texto publicado de una obra. Así, el estudio de los materiales pre-textuales de Juan Rulfo pone de relieve un esfuerzo continuo por borrar las huellas de la presencia del narrador y por matizar la afirmación explícita de los contenidos ideológicos que hubieran podido orientar de manera unívoca la lectura. En la edición crítica preparada por Sergio López Mena, el proceso redaccional de *Pedro Páramo* y de *El Llano en llamas* pareciera desplegarse, en efecto, como una búsqueda afanosa de lo implícito, de lo sobreentendido, de aquello que se dice sin decirse en los silencios de los personajes y se traduce positivamente en la tendencia de las correcciones a forjar una escritura de la oralidad. Los manuscritos vienen a corroborar de tal suerte las distintas interpretaciones que han sabido subrayar la importancia de la voz narrativa y el registro del habla campesina en la obra del escritor mexicano.

Pero los materiales pre-textuales pueden decirnos también cosas que la obra no nos dice o que a veces oculta —repitamos que los manuscritos pueden rectificar o renovar una lectura. Sirva de ejemplo de rectificación la de los juicios sobre Amorín que resulta del estudio genético de *La carreta* realizado por Fernando Ainsa, estudio éste que da al traste con el mito del descuido y la dejadez del autor en la estructuración de la novela. Mucho más importantes, sin embargo, son los casos en que los manuscritos ofrecen una nueva lectura e iluminan la obra con una luz desconocida. Julio Ortega ha destacado así el peso decisivo que el tema del exilio tiene en la génesis de *Rayuela* y ha abierto el camino a una reinterpretación del texto cortazariano en función de un aspecto considerado hasta ahora como muy secundario. Por su parte Elida Lois, en la edición coordinada por Paul Verdevoye, nos ha enseñado a releer *Don Segundo Sombra* como un vasto conflicto entre realismo y simbolización que recorre de un extremo a otro la escritura de Güiraldes, desde la dedicatoria hasta las últimas correcciones en los ejemplares de la novela.

A pesar de estos logros evidentes, no sería de extrañar que, tarde o temprano, en nombre del pudor romántico por el misterio de la creación o quizá del respeto clásico por la noción de obra, se ponga en tela de juicio la legitimidad de la lectura genética en América Latina, tal y como ya ha ocurrido en Europa. Yo creo que los latinoamericanos tenemos en este punto una gran ventaja frente a los europeos que puede evitarnos debates inútiles, pues nuestra literatura es una invención reciente que nace en el ámbito de una modernidad donde se valora el trabajo del escritor y donde, de hecho, se concibe a la obra como a la suma del texto y los manuscritos. Efectivamente, recordemos que, en la inmensa mayoría de los casos, los manuscritos sólo subsisten por voluntad del autor que los ha conservado porque sin duda ve en ellos algo precioso: el registro de una labor que es el obrar de su obra, esa dimensión secreta en la que se nos revela que la creación y la escritura no se resumen ni se agotan en un texto publicado. Por eso, consciente o inconscientemente, conservar un manuscrito significa preservar el vínculo entre el proceso y el producto, mantener los lazos entre la intención y el resultado, y valorar la relación entre ambos. Además, el manuscrito puede ser el instrumento de una estrategia por parte del autor que aspira a una lectura plena de su obra, aun desde un punto de vista genético. Confieso, por ejemplo, que me resulta muy difícil creer en un gesto desconsiderado o ingenuo de Cortázar cuando, en 1983, le entrega el *Cuaderno de bitácora de Rayuela* nada menos y nada más que a Ana María Barrenechea. Tampoco me parece que sea una simple casualidad que un escritor realista como Rómulo Gallegos, tan dado a echar a la basura sus borradores, haya conservado precisamente el cuaderno con la investigación de campo efectuada en Guayana para la redacción de *Canaima*, la prueba fehaciente del carácter documental de la novela.

La finalidad última de la crítica genética al analizar las distintas fases de un texto es colocar a la obra en esta perspectiva de la escritura y, al hacerlo, valorar el contenido estético del trabajo del escritor, un aspecto poco y mal apreciado hasta ahora, ya que, en este campo, la crítica literaria tiene un retraso ostensible frente a otras disciplinas que, como la crítica de artes plásticas, ya han sabido integrar la huella del proceso en el producto, el análisis de los materiales, de los bocetos, de la dinámica compositiva e incluso del gesto creador. Nuestro retraso nos sitúa, además, a la zaga de los propios escritores, pues no es un secreto que la poética del fragmento, de lo inacabado y de la obra abierta, tan mal abordada por la crítica inmanentista de los años sesenta y setenta, constituye en buena medida una representación pública y visible de la escena oculta y privada que se desarrolla en los manuscritos, como si ese verdadero *work in progress* que es el trabajo de escritura fuese emergiendo paulatinamente hacia la superficie de la obra para formular allí la ambición estética de suplantarla por completo. En la figura de Macedonio Fernández nuestra modernidad nos lega un ejemplo temprano de esta reivindicación que bien podría hacer del escritor argentino el santo patrono de la genética textual latinoamericana. Pues, como señala su editora, Ana María Camblong, Macedonio Fernández concibe *Museo de la Novela de la Eterna* a la manera de un constante ejercicio de escritura que no desemboca en una versión definitiva sino en varios manuscritos heterogéneos —e incluso heteróclitos—, todos igualmente válidos, todos por igual inconclusos. Lo que *Museo de la Novela de la Eterna* ilustra así, en forma extrema, es la voluntad estética de permanecer ilimitadamente en la esfera de la escritura sin someterse al proyecto finalista de una obra; lo que Macedonio Fernández encarna con esta labor casi infinita es la posibilidad de poner la escritura por obra con una actitud lúdica y creadora que debería regir los esfuerzos de la genética textual latinoamericana en las décadas venideras.

Indudablemente, aún hay mucho por hacer en este terreno que apenas empieza a abrirse a la investigación. Más allá del análisis de los manuscritos y los procesos de escritura de ciertos autores y obras abordados individualmente, ya comienza a asomarse la posibilidad de una crítica comparada entre las distintas formas de escribir, entre los diversos mitos y métodos que gobiernan la creación de nuestros autores. La composición del relato, por ejemplo, no es la misma en un Güiraldes que trabaja en función de una esquema global de *Don Segundo Sombra* y en un Lucio Cardoso que va improvisando de manera pulsional los capítulos de *Crónica de casa assassinada*. Paralelamente, la escritura de Cardoso sigue un movimiento acumulativo de expansión continua que contrasta con la práctica de la supresión y la tachadura en Vallejo y en Cortázar, tal y como la ha descrito Julio Ortega. El concepto del cuaderno de trabajo es asimismo muy distinto en el *Cuaderno de bitácora de Rayuela*, instrumento de reflexión sobre el proceso creativo, y en el cuaderno guayanés de Gallegos, asiento documental de una investigación. Sin embargo, en este plano, Gallegos parece estar mucho más cerca de Lezama Lima que el propio Cortázar, ya que el diario de lecturas del escritor cubano es el registro de una labor preparatoria no menos documental. Entre un autor y otro, entre una obra y otra, se va dibujando así un nuevo mapa de la escritura latinoamericana que, tarde o temprano, vendrá a completar nuestra visión de la literatura. Pues, si la teoría de la recepción ha sabido mostrarnos la importancia de la lectura y nos ha ofrecido ya varios trabajos relevantes sobre el oficio de leer en América Latina, la crítica genética, al otro extremo de la cadena comunicativa, debería conducirnos pronto a una reflexión global sobre la escritura que plantee las preguntas: ¿cómo se ha escrito y cómo se escribe entre nosotros? O mejor: ¿qué es y qué ha sido escribir en este continente? ¿Cuál es la historia y la teoría de ese acto aparentemente tan simple?

Para concluir, yo quiero imaginarme que mi lector del año 2040 ó 2050 conoce ya la respuesta a algunas de estas interrogantes; yo quiero imaginarme que, mientras él sigue en la pantalla la danza de las variantes, va realizando en secreto ese ideal de la crítica que Jean Starobinski definió una vez como "la búsqueda progresiva de una complicidad total con la subjetividad creadora", como "la participación apasionante en la experiencia sensible e intelectual que se despliega a través de la obra". En verdad, no creo que exista mejor definición de las perspectivas que hoy nos abre la crítica genética.

Université d'Amiens   GUSTAVO GUERRERO

COLECCIÓN  ARCHIVOS

Director: Amos Segala

AUTORES, TÍTULOS, COORDINADORES

• Títulos publicados

ARGENTINA

ROBERTO ARLT
Los siete locos - Los lanzallamas
(Gerardo Mario Goloboff)

JULIO CORTÁZAR
Rayuela
(Saúl Yurkievich / Julio Ortega)

HAROLDO CONTI
Sudeste
(Eduardo Romano)

MACEDONIO FERNÁNDEZ
Museo de la novela de la Eterna
(Adolfo de Obieta / Ana Camblong)

BALDOMERO FERNÁNDEZ MORENO
Poesía
(Mario Benedetti)

MANUEL GÁLVEZ
Memorias

OLIVERIO GIRONDO
Obras completas
(Raúl Antelo)

• **RICARDO GÜIRALDES**
Don Segundo Sombra
(Paul Verdevoye)

JOSÉ HERNÁNDEZ
Martín Fierro
(Élida Lois y Ángel Núñez)

LEOPOLDO LUGONES
Lunario sentimental
(Alberto Blasi)

LEOPOLDO MARECHAL
Adán Buenosayres
(Jorge Lafforgue)

• **EZEQUIEL MARTÍNEZ ESTRADA**
Radiografía de la Pampa
(Leo Pollmann)

VICTORIA OCAMPO
Correspondencias literarias
(Jean Pierre Bernès)

MANUEL PUIG
Boquitas pintadas
(Pamela Bacarisse)

DOMINGO FAUSTINO SARMIENTO
Viajes
(Javier Fernández)

BOLIVIA

• **ALCIDES ARGUEDAS**
Raza de Bronce
(Antonio D. Lorente Medina)

AUGUSTO GUZMÁN
Prisionero de guerra
(Renato Prada Oropeza)

RICARDO JAIMES FREIRE
Poesía
(Oscar Rivera Rodas)

BRASIL

CARLOS DRUMMOND DE ANDRADE
Poesía completa
(Silviano Santiago)

• **MÁRIO DE ANDRADE**
Macunaíma
(Telê Porto Ancona López)

OSWALD DE ANDRADE
Manifestos e poesia
(Jorge Schwartz)

JOAQUIM MACHADO DE ASSIS
Papéis avulsos
(Roberto Schwartz)

MANUEL BANDEIRA
Libertinagem - Estrela da Manhã
(Giulia Lanciani)

LIMA BARRETO
Triste fim de Policarpo Quaresma
(Antônio Houaiss)

• **LÚCIO CARDOSO**
Crônica de casa assassinada
(Mario Carelli)

EUCLIDES DA CUNHA
Os Sertões
(Walnice Nogueira Galvão)

• **CLARICE LISPECTOR**
A Paixão segundo G. H.
(Benedito Nunes)

GRACILIANO RAMOS
Vidas secas
(Fernando Alves Cristóvão)

JOSE LINS DO REGO
Fogo Morto

• Títulos publicados

JOÃO GUIMARÃES ROSA
Grande Sertão: Veredas
(Walnice Nogueira Galvão)

COLOMBIA

AURELIO ARTURO
Toda la poesía
(Jaime García Maffla)

PORFIRIO BARBA JACOB
Obras completas
(Fernando Vallejo)

EDUARDO CARRANZA
Poesía completa
(Ignacio Chaves Cuevas)

TOMÁS CARRASQUILLA
Todos los cuentos
(Uriel Ospina)

LEON DE GREIFF
Obra selecta

LUIS CARLOS LÓPEZ
Poesía
(Ramón de Zubiría)

JOSÉ EUSTASIO RIVERA
La Vorágine
(Hernán Lozano y Monserrat Ordóñez)

BALDOMERO SANÍN CANO
Selección de prosas
(Jorge Eliécer Ruiz)

• **JOSÉ ASUNCIÓN SILVA**
Obra completa
(Héctor Orjuela)

GUILLERMO VALENCIA
Toda la poesía

CUBA

EMILIO BALLAGAS
Poesía
(Emilio de Armas)

REGINO BOTI
Poesía
(Eduardo López Morales)

ALEJO CARPENTIER
El Siglo de las Luces

• **JOSÉ LEZAMA LIMA**
Paradiso - Oppiano Licario
(Cintio Vitier)

JUAN MARINELLO
Ensayos
(Alfred Melon / Ángel I. Augier)

JOSÉ MARTÍ
Prosas periodísticas
(Roberto Fernández Retamar)

FERNANDO ORTIZ
Contrapunto cubano del tabaco y del azúcar
(Manuel Moreno Fraginals)

CHILE

VICENTE HUIDOBRO
Poesía
(Saúl Yurkievich)

MARIANO LATORRE
Cuentos

GABRIELA MISTRAL
Poesía
(Teodosio Fernández)

PABLO NERUDA
Residencias en la tierra
(Guiseppe Bellini)

MANUEL ROJAS
Hijo de ladrón
(Nelson Osorio)

DOMINICA

JEAN RHYS
White Saragasso Sea

ECUADOR

DEMETERIO AGUILERA MALTA
Siete lunas y siete serpientes
(Miguel Donoso Pareja)

JORGE CARRERA ANDRADE
Edades poéticas

BENJAMÍN CARRIÓN
Ensayos

JOSÉ DE LA CUADRA
«Los Sangurimas» y otros cuentos
(Diego Araújo)

GONZALO ESCUDERO
Poesía completa
(Gustavo Alfredo Jacome)

• **JORGE ICAZA**
El Chulla Romero y Flores
(Ricardo Descalzi / Renaud Richard)

PABLO PALACIO
Obras completas
(Wilfrido H. Corral)

• Títulos publicados

GONZALO ZALDUMBIDE
Ensayos
(Hernán Rodríguez Castelo)

EL SALVADOR

ROQUE DALTON
Poesía
(Claire Pailler)

SALARRUÉ
Cuentos

GUATEMALA

RAFAEL ARÉVALO MARTÍNEZ
El hombre que parecía un caballo
(Dante Liano)

• MIGUEL ÁNGEL ASTURIAS
Periodismo y creación literaria (París 1924-1933)
(Amos Segala)

• MIGUEL ÁNGEL ASTURIAS
Hombres de maíz
(Gerald Martin)

GUYANA

EDGARD MITTHELHOLZER
A morning at the office

HAITÍ

JEAN PRICE MARS
Ainsi parla l'oncle

JACQUES ROUMAIN
Les Gouverneurs de la Rosée

JACQUES STEPHEN ALEXIS
Compère Général Soleil

JAMAICA

ROGER MAIS
Brother Man

CLAUDE McKAY
Banana Bottom

MÉXICO

• MARIANO AZUELA
Los de abajo
(Jorge Ruffinelli)

ROSARIO CASTELLANOS
Balúm-Canán
(Elena Poniatowska)

• JOSÉ GOROSTIZA
Poesía y Poética
(Edelmira Ramírez Leyva)

MARTÍN LUIS GUZMÁN
El águila y la serpiente
(Gerald Martin)

RAMÓN LÓPEZ VELARDE
Poesía
(Eduardo Lizalde)

RAFAEL F. MUÑOZ
Se llevaron el cañón para Bachimba
(Emmanuel Carballo)

CARLOS PELLICER
Poesía
(Samuel Gordon)

• JOSÉ REVUELTAS
Los días terrenales
(Evodio Escalante)

ALFONSO REYES
Cuentos, Ensayos, Poesías
(Carlos Monsiváis)

• JUAN RULFO
Toda la obra
(Claude Fell)

JOSÉ VASCONCELOS
Ulises Criollo
(Claude Fell)

• AGUSTÍN YÁÑEZ
Al filo del agua
(Arturo Azuela)

NICARAGUA

ALFONSO CORTÉS
Poesía
(Guiliano Soria)

RUBÉN DARÍO
Poesía
(Bernard Sesé)

• Títulos publicados

PANAMÁ

RAMÓN H. JURADO
Desertores
RICARDO MIRÓ
Poesía

PARAGUAY

GABRIEL CASACCIA
La Babosa
(Francisco Feito)

PERÚ

CIRO ALEGRÍA
La serpiente de oro
(Giuseppe Bellini)
• JOSÉ MARÍA ARGUEDAS
El zorro de arriba y el zorro de abajo
(Eve Marie Fell)
JOSÉ MARÍA EGUREN
Poesía
(Ricardo González Vigil)
MANUEL GONZÁLEZ MARIÁTEGUI
Siete ensayos ...
(Antonio Melis)
• RICARDO PALMA
Tradiciones peruanas
(Julio Ortega / Flor María Rodríguez-Arenas)
• CÉSAR VALLEJO
Obra poética
(Américo Ferrari)

PUERTO RICO

EUGENIO MARÍA DE HOSTOS
La peregrinación de Bayoán
(Manuel Maldonado Denis)
LUIS PALES MATOS
Poesía
(Carmen Vázquez)
ANTONIO S. PEDREIRA
Insularismo
(Juan Flores)

REPÚBLICA DOMINICANA

PEDRO HENRÍQUEZ UREÑA
Ensayos
(José Luis Abellán / Ana María Barrenechea)

URUGUAY

EDUARDO ACEVEDO DÍAZ
El combate de la tapera
(Fernando Ainsa)
DELMIRA AGUSTINI
Poesía
(Silvia Molloy)
• ENRIQUE AMORIM
La carreta
(Fernando Ainsa)
FELISBERTO HERNÁNDEZ
Nadie encendía las lámparas
(José Pedro Díaz)
JULIO HERRERA Y REISSIG
Obra poética
(Ángeles Estévez)
HORACIO QUIROGA
Todos los cuentos
(Napoleón Baccino Ponce de León / Jorge Lafforgue)
JOSÉ ENRIQUE RODO
Ensayos
FLORENCIO SÁNCHEZ
Teatro completo
(Jorge Ruffinelli)

VENEZUELA

RUFINO BLANCO FOMBONA
Diarios
(François Delprat)
• TERESA DE LA PARRA
Las Memorias de Mamá Blanca
(Velia Bosch)
• RÓMULO GALLEGOS
Canaima
(Charles Minguet)
JULIO GARMENDIA
Cuentos
(Oscar Sambrano Urdaneta)
GUILLERMO MENESES
El falso cuaderno de Narciso Espejo
(José Balza / Gustavo Guerrero)
MARIANO PICÓN SALAS
Ensayos
(Domingo Miliani)
JOSÉ ANTONIO RAMOS SUCRE
Obras completas
(Alba Rosa Hernández Bossio)

PRÓXIMOS TÍTULOS

MACEDONIO FERNÁNDEZ
Museo de la novela de la Eterna
Coordinadores: Ana Camblong y Adolfo de Obieta

HORACIO QUIROGA
Todos los cuentos
Coordinadores: Napoleón Baccino Ponce de León y Jorge Lafforgue

DOMINGO F. SARMIENTO
Viajes
Coordinador: Javier Fernández

PEDRO HENRÍQUEZ UREÑA
Ensayos
Coordinadores: José Luis Abellán y Ana María Barrenechea

LEOPOLDO MARECHAL
Adán Buenosayres
Coordinador: Jorge Lafforgue

CARLOS PELLICER
Poesía
Coordinador: Samuel Gordon

JOÃO GUIMARAES ROSA
Grande Sertão: Veredas
Coordinadora: Walnice Nogueira Galvão

FUERA DE SERIE

YA PUBLICADOS:

Paul VERDEVOYE y Fernando COLLA: *Léxico argentino-español-francés / Lexique argentin-espagnol-français*

MIGUEL ÁNGEL ASTURIAS: *El árbol de la cruz*. Inédito en edición crítica y facsimilar. Coordinadora: Aline Janquart

FERNANDO PESSOA: *Mensagem - Poemas esotéricos*.
Coordinador: José Augusto Seabra

DE PRÓXIMA APARICIÓN:

JOSÉ HERNÁNDEZ: *Martín Fierro*. Coordinadores: Elida Lois y Ángel Núñez.

www.ingramcontent.com/pod-product-compliance
Lightning Source LLC
Chambersburg PA
CBHW071410300426
44114CB00016B/2256